홍해대전 紅海代戰

조현삼

생명의말씀사

홍해대전

ⓒ 생명의말씀사 2025

2025년 9월 4일 1판 1쇄 발행
2025년 10월 13일   3쇄 발행

펴낸이 ㅣ 김창영
펴낸곳 ㅣ 생명의말씀사

등록 ㅣ 1962. 1. 10. No.300-1962-1
주소 ㅣ 서울시 종로구 경희궁1길 6 (03176)
전화 ㅣ 02)738-6555(본사) · 02)3159-7979(영업)
팩스 ㅣ 02)739-3824(본사) · 080-022-8585(영업)

지은이 ㅣ 조현삼

기획 편집 ㅣ 이주나
디자인 ㅣ 박소정
인쇄 ㅣ 영진문원
제본 ㅣ 보경문화사

ISBN 978-89-04-16929-0 (03230)

저작권자의 허락 없이 이 책의 일부 또는 전체를
무단 복제, 전재, 발췌하면 저작권법에 의해 처벌을 받습니다.

홍해대전 紅海代戰

프롤로그

우리말 성경에 나오는 출애굽기는 출出애굽기記입니다. 애굽에서 나온 것을 기록한 책이라는 의미지요. 구약성경의 책 이름은 그 책 첫 문장에 나오는 단어인 경우가 대부분입니다.

출애굽기를 히브리어로 쉐모트ׁשְמוֹת라고 하는데, 출애굽기 첫 구절 '그 이름들'에서 유래했습니다. 히브리어 성경을 헬라어로 번역하면서 출애굽기를 엑소도스Ἔξοδος라고 했습니다. 이는 나감, 출발, 탈출 등의 뜻을 갖고 있습니다. 출애굽기를 한자로 탈출기, 영어로 엑소더스Exodus라고 하는데, 이런 배경이 있습니다.

출애굽기를 이해하기 위해서는 입애굽기를 먼저 읽어야 합니다.

입애굽기, 애굽으로 들어간 기록이라는 의미지요. 성경 목록에서 입애굽기를 찾으면, 당연히 없습니다. 내용을 찾아야 나오는데, 좁게는 창세기 45장부터 마지막 장까지를 입애굽기라고 할 수 있습니다. 조금 더 넓

히면 하나님이 아브라함을 우르에서 부르신 창세기 12장부터, 아주 넓게는 창세기 전체라고 할 수 있지요. 우르를 출발한 아브라함이 하나님의 인도하심을 받아 가나안 땅에 이르렀습니다. 그곳이 하나님이 그를 인도하신 목적지입니다. 하나님은 아브라함에게 큰 민족을 이룰 것이라고 하셨습니다. 약속하신 하나님은 약속을 지키십니다. 하나님이 '아브라함의 가족 큰 민족 만들기' 프로젝트를 기획하시고 실행하셨습니다.

우르를 떠날 때만 해도, 우리도 그렇고 아브라함도 그렇고 아브라함의 후손이 가나안 땅에서 큰 민족을 이룰 것으로 생각했습니다. 하나님의 생각은 달랐습니다. 하나님은 아브라함의 자손을 큰 민족으로 만드시는 과정에 애굽을 인큐베이터로 사용하기로 계획하셨습니다. 하나님은 가나안 땅에 있는 아브라함의 자손을 애굽 인큐베이터에 넣어 거기서 민족을 형성할 수 있을 때까지 자라게 하셨습니다.

우리가 아는 대로, 아브라함 당시 가나안 땅은 도시 국가였습니다. 오늘로 표현하면 구 또는 면이 하나의 국가이던 상황입니다. 이름 뒤에 족 또는 족속이 붙는데, 다 한 나라입니다. 성경을 읽다 웬 왕이 이렇게 많이 나오나 하는 생각이 드는 이유도 이 때문입니다. 가나안 땅 규모를 이야기할 때 강원도와 비교하기도 합니다. 그런데 거기 수십 명의 왕이 등장하니, 좀 당황스럽기까지 합니다. 이들은 사안에 따라 연합군을 형성해, 외부의 침입을 막으며 생존했습니다.

이런 도시 국가 형태인 가나안 땅에서 이스라엘이 한 국가를 형성하기는 쉽지 않습니다. 주변 족속의 견제가 심할 수밖에 없습니다. 어느 정도 규모가 되면, 주변 족속들이 연합해 공격하고 소멸시키려고 할 겁니다. 국가의 면모를 갖추려면, 인구도 어느 정도 돼야 합니다. 그러나 끊임없는 도전과 이어지는 전쟁으로 아브라함의 자손이 그 땅에서 큰 나라를 이루는 것은 쉽지 않습니다. 물론 하나님이 하시면 이것도 가능하겠지만, 하나님의 전략은 그들을 애굽 인큐베이터에 넣어 이들의 수를 늘리고 국가의 면모를 갖출 수 있도록 보호하시는 것입니다. 애굽은 대국입니다. 애굽 안에 있으면 가나안 족속으로부터 안전합니다. 애굽이 다 막아 주고 보호해 줍니다.

이스라엘이 애굽 인큐베이터에서 430년을 지냈습니다. 아마 세상에서 가장 오랜 시간을 인큐베이터 안에서 보낸 기록이 아닐까 싶습니다. 이스라엘 백성은 애굽 인큐베이터 안에서 애굽이 두려워 견제할 만큼, 큰 민족을 이뤘습니다. 이제는 때가 되었습니다. 이스라엘 백성을 입애굽시키신 하나님이 이제 그들을 출애굽시키시기로 뜻을 정하셨습니다. 그 역사를 기록한 책이 출애굽기, 엑소도스입니다.

입애굽기를 읽고 출애굽기를 읽으면 보이는 걸, 이 책에 담았습니다. 입애굽기와 출애굽기 사이에 어떤 일이 있었는지, 출애굽의 때가 임박하면 어떤 일이 일어나는지, 보이는 대로 적었습니다. 이스라엘 족속은 고센으로 입애굽했고 고센에서 출애굽했습니다. 고센 땅에 관심을 가질 수밖에 없습니다. 고센 땅을 가 보기 전에는 '이집트에서 종살이하면서 뭘 얼마나 그렇게 잘 먹었다고 애굽에서 잘 먹던 타령을 하느냐'는 마음이 좀 있었습니다. 다녀와서 그 말은 이제 더는 하지 않습니다. 그 말을 한 이스라엘 백성들이 이해돼서 그렇습니다. 그럴 수 있다, 아니 당연히 그럴 수 있다는 것으로 이해심이 넓어졌습니다(웃음).

고센 땅에 바로궁이 없다. 2025년 1월 30일, 이집트에 도착해 이 말을 듣고 얼마나 당황했는지 모릅니다. 15일간 애굽에 머물며 많은 시간을 여기다 썼습니다. 고센에서 궁 찾기에. 그래서 찾았냐고요. 그 얘기는 이 책 마지막인 3부에 있습니다.

우리교회에 저와 함께 27년을 동역한 이윤정 전도사님이 있습니다. 이 전도사님은 시리즈 드라마를 절제하며 하루 한 편씩 보는 재주가 있습니다. 저는 그게 안 됩니다. 그래서 학기 중에는 아예 시리즈 드라마는 열질 않습니다. 1편을 보면 마지막 편까지 봐야 맘이 안정돼 그렇습니다. 밤을 새우며 이어본 적도 있습니다. '한 편만 더, 한 편만 더' 하다 그만 아침을 맞았습니다. 2박 3일, 3박 4일을 거기 쓸 상황이 아니면, 아예 시작을 안 합니다.

비결이 궁금해서 이 전도사님에게 물었습니다. "목사님, 전 마지막 편을 먼저 보고 1편부터 봅니다." 이 말을 들은 제 표정은 사진으로 봐야 하는데…. "아니, 그게 뭔 말이야." 결말을 미리 알고 보면 그렇게 몰아

보지 않아도 된답니다. 사람마다 참 취향이 다양하네요. 전 결말을 알면 심심해서 못 보는데 말입니다. 이 전도사님에게 어느 영화나 드라마에 대해 물어보면 "목사님, 끝에 열차 안에서 주인공이 죽어요"라고 친절한 설명을 덧붙여 줍니다. 책 프롤로그에 별 얘길 다 쓰네요. 이 전도사님처럼 마지막 3부에 있는 내용을 스포일러 하고 싶은 마음이 마구 올라오는 걸 애써 참고 있습니다. 이 전도사님 심정이 이런 게 아닐까 싶기도 하네요.

이 책은 뒤에서부터 읽어도 됩니다. 바로궁에 관심이 있으면 그게 더 좋을 수 있습니다. 대신 3부에는 지명이 여럿 나옵니다. 내용이 쉬워도 모르는 인명이나 지명이 나열되면 어렵게 느껴지잖아요. 그건 미리 고려하길 바랍니다. 대신, 그걸 기준으로 앞 부분도 그럴 거로 오해는 없었으면 해요. 1부와 2부에는 최소한의 이름, 모세와 아론과 이드로 정도만 적었습니다.

한 권의 책을 만들기까지 애쓰고 수고한 이들이 있습니다. 필자와 소통하며 콘셉트를 잡고 방향을 설정하고 책을 한 몸에 지고 가는 이주나 편집자의 수고가 이 책에 오롯이 담겼습니다. 저자 소개도 정성껏 써 줬습니다. 원고가 최종 텍스트 형태로 마무리되면, 그걸 가지고 디자인 작업을 합니다. 박소정 디자이너가 이 일을 했습니다. 책의 PDF 파일을 먼저 받아 봤는데, 눈이 시원하네요.

책에 사진을 쓰는 것은 생각보다 어렵습니다. 사진을 잘 쓰면 책이 살지만, 그렇지 못하면 오히려 넣지 않은 것만도 못합니다. 책을 보는데 단아하다는 단어가 생각났습니다. 사진마다 색감이 다르고 여러 사람이 촬영한 사진이라 카메라 기종마다 갖고 있는 고유한 차이도 있습니다. 이걸 맞추는 일은 지난한 작업입니다. 이 수고를 마다하지 않고 덥석 사진 넣은 책을 만들어 보겠다고 한 편집자와 디자이너 모두에게 고마운 마음을 전합니다.

성경지리연수를 늘 같이 가는 성백철 목사님의 사려 깊은 섬김이 이 책에도 녹아 있습니다. 이집트 여정에도 성 목사님이 같이 가서 큰 도움이 됐습니다. 공간지각능력이 떨어지는 저의 빈 자리를 성 목사님이 많이 채워 줬습니다. 마지막까지 꼼꼼하게 지명 등을 챙겨 교정을 봐줬습니다. 이번 연수에는 최규환 목사님도 동행했는데, 현장에서 최 목사님의 노트북 속에 담긴 1만 4백 권이 넘는 방대한 자료에서 필요한 정보를 찾아 제공해 줬습니다. 원고를 탈고해 출판사로 보낸 후, 저는 이 책에서 빠져나왔습니다. 엑소도스했지요. 그때부터 언제나 맑은 영으로 눈이 빛나는 이윤정 전도사님이 에이소도스해서 이주나 편집자와 소통하며 이 책을 진행했습니다.

지금껏 책을 내면서 서문에 책 만드는 일에 수고하고 애쓴 이들에 대해 고마움을 표현하지 못했습니다. 그저 마음에 담아 두었던 것을 이번엔 꺼내 놓습니다. 그러다 보니, 지금은 퇴직한 유선영 편집자 생각이 많이 나네요. 참 좋은 편집자입니다. 편집자로 좋기도 하지만 사람이 좋습니다. 오랜 기간 여러 권의 책 작업을 함께했는데, 지금도 가끔 보고 싶습니다. 고마웠다고, 그때 하지 못한 말을 지금 합니다. 이 책의 편집 책임자인 서정희 부장님은 청년 때 우리 교회에 출석했습니다. 직함보다 이름이 더 편한 사이입니다. 이 책 제목을 단숨에 뽑아낸 안목이 있는 편집자입니다. 모두, 고마워요.

책은 독자가 있어야 존재합니다. 책을 읽어 주는 독자 여러분에게도 고맙다는 말을 전합니다. 여러분의 응원이 또 이렇게 책을 쓸 힘이 되었고, 쓴 책대로 살 수 있는 힘이 되었습니다. 사랑합니다.

조현삼

contents

프롤로그 / 05

01 | 출애굽, 출인큐베이터

출애굽은 하나님의 뜻입니다 / 17
하나님이 우리를 돌보고 계십니다 / 21
자기 일 / 27
성지에서 사는 사람들 / 31
과거의 부정적인 경험을 넘어, 이제 가라 / 35
하나님의 지팡이면, 그것으로 충분합니다 / 41
집으로 돌아갈 날이 있습니다 / 45
고난은 출애굽의 전조 현상입니다 / 49
사람을 통해 하나님의 말씀 듣기 연습 / 53
바로 그날 / 57
명절을 만드신 하나님 / 63
출애굽, 출인큐베이터 / 67
주의 손이 / 73
내비게이션과 보호막 / 79

02 | 홍해대전, 하나님이 대신 싸우시다

당신의 인생 이름은 무엇입니까 / 87
도무지 길이 보이지 않을 때 / 93
바다 밑에 길을 내시다 / 97
선물 받은 이름, 홍해대전 / 103
경험 폴더를 추억으로 채우기 / 107
모세의 노래 / 113
인생은 네이밍입니다 / 117
인생 길에서 마라를 만났을 때 / 123
명함을 내미시는 하나님 / 129
하나님께 받아 사는 인생 / 133
디테일한 순종 / 139
완주를 위한 솔루션 / 143
출애굽 여정과 인생길이 많이 닮았습니다 / 147
우리는 지금 여호수아를 키우고 있습니다 / 153
손 들면 이깁니다 / 157

03 | 자기 무덤을 파는 사람들

이집트에서 큰 산을 만나다 / 165
자기 무덤을 파는 사람들 / 173
고센 땅으로 바로궁을 찾으러 가다 / 195
한국에서 이어진 바로궁 찾기 / 211
고센, 그리고 남은 이야기 / 237

에필로그 / 257

출애굽, 출인큐베이터

01

출애굽은 하나님의 뜻입니다

하나님이 우리를 돌보고 계십니다

자기 일

성지에서 사는 사람들

과거의 부정적인 경험을 넘어, 이제 가라

하나님의 지팡이면, 그것으로 충분합니다

집으로 돌아갈 날이 있습니다

고난은 출애굽의 전조 현상입니다

사람을 통해 하나님의 말씀 듣기 연습

바로 그날

명절을 만드신 하나님

출애굽, 출인큐베이터

주의 손이

내비게이션과 보호막

출애굽은
하나님의
뜻입니다

출애굽, 이스라엘 백성이 애굽에서 나오는 것은 하나님의 뜻입니다. 하나님의 의지입니다. 야곱은 애굽의 총리가 된 아들 요셉이 가나안 땅을 떠나 애굽으로 이주할 것을 제안하자, 고민이 많았습니다. 그런 야곱에게 하나님은 말씀하셨습니다.

나는 하나님이라 네 아버지의 하나님이니 애굽으로 내려가기를 두려워하지 말라 내가 거기서 너로 큰 민족을 이루게 하리라 창 46:3

또한 하나님은 "내가 너와 함께 애굽으로 내려가겠고 반드시 너를 인도하여 다시 올라올 것"이라고 약속하셨습니다. 이제 때가 되었습니다. 출애굽의 여명이 밝았습니다. 이것을 애굽의 왕도 감지했습니다.

그러면 이제 남은 것은 하나님의 뜻을 받아들일지의 여부입니다. 답은 받아들이는 것입니다. 하나님의 뜻에 가장 현명한 대응은 순응하는 것입니다. 그러나 애굽 왕과 그 땅 사람들은 이것을 받아들이는 대신 맞섰습니다. 하나님의 의지를 꺾으려고 했습니다.

우리는 출애굽의 결말을 압니다. 결국 이스라엘 백성은 하나님의 뜻대로 출애굽했습니다. 하나님의 의지대로 되었습니다. 하나님의 뜻을 막아섰던 애굽은 많은 인적 물적 피해를 입었습니다. 애굽은 당시로서는 가장 큰 나라입니다. 당시는 아직 앗수르제국도, 바벨론제국도, 페르시아제국도 들어서기 전입니다. 그야말로 천하의 애굽입니다. 하지만 그 애굽도 하나님의 뜻을 막지 못했습니다. 세계 최강 국가도 하나님의 의지를 꺾지 못했습니다.

왜 이렇게 되었을까. 하나님이 하나님이시기 때문입니다. 하나님은 이사야 46장을 통해 "나의 뜻이 설 것이니 내가 나의 모든 기뻐하는 것을 이루리라"라고 하셨습니다. 하나님은 "내가 말하였은즉 반드시 이룰 것이요 계획하였은즉 반드시 시행하리라"라고 단호하게 말씀하셨습니다. "나의 뜻이 설 것이다. 내가 말하였은즉 반드시 이룰 것이다. 내가 계획하였은즉 반드시 시행하리라." 하나님이 직접 하신 말씀입니다.

하나님과 맞서는 것은 어리석은 일입니다. 하나님의 뜻을 막아 보겠다는 것은 무모한 일입니다. 하나님의 의지를 꺾어 보겠다는 것은 만용입니다. 그리스도인은 그것이 하나님의 뜻이면 그 뜻을 따릅니다.

바울은 전도여행 중에 자기 뜻과 하나님의 뜻이 다를 때, 자기 뜻을 고집하지 않았습니다. 바울은 성령이 막으시면 막혔습니다. 그것이 말씀을 전하는 것이라 할지라도 하나님의 뜻이 거기가 우선이 아니라 다른 곳이 먼저라면, 그는 그 뜻에 순응했습니다. 에베소에서 사람들이 그곳에 더 오래 있기를 청했지만, "만일 하나님의 뜻이면 너희에게 돌아오리라" 하고 떠난 것도 바울의 몸에 밴, 하나님의 뜻이면 순응하는 습관에서 나온 말입니다.

하나님의 뜻은 이루어집니다. 하나님의 의지는 반드시 성취됩니다. 이 사실이 우리에게 주는 은혜가 있습니다. 우리의 구원은 하나님의 뜻입니다. 예수님은 말씀하셨습니다.

> 내 아버지의 뜻은 아들을 보고 믿는 자마다 영생을 얻는 이것이니 마지막 날에 내가 이를 다시 살리리라 요 6:40

사탄이 우리의 구원을 흔들고 취소시키려고 하지만, 우리는 반드시 구원받습니다. 우리의 구원은 하나님의 뜻이기 때문입니다. 하나님의 뜻은 반드시 이루어집니다.

　　하나님은 그분을 사랑하고 그분의 계명을 지키는 자에게는 천 대까지 은혜를 베푸십니다 신 7:9. 여기 나오는 "그를 사랑하고 그의 계명을 지키는 자"가 예수 믿는 우리입니다. 하나님은 그를 사랑하고 그의 계명을 지키는 자에게는 천 대까지 그의 언약을 이행하시며 인애를 베푸십니다. 이것이 하나님의 뜻입니다. 우리의 자녀들이 희망인 이유입니다. 성경은 말합니다.

　풀은 마르고 꽃은 시드나 우리 하나님의 말씀은 영원히 서리라 사 40:8

　사람의 마음에는 많은 계획이 있어도 오직 여호와의 뜻만이 완전히 서리라 잠 19:21

하나님이 우리를
돌보고 계십니다

애굽 왕은 이스라엘 자손을 괴롭혔습니다. 바로는 그들을 못살게 굴었습니다. 애굽 왕은 이스라엘 자손 위에 감독들을 세워 그들에게 무거운 짐을 지우고 괴롭게 하며, 바로를 위하여 국고성 비돔과 라암셋을 건축하게 했습니다.

애굽 왕은 이스라엘 자손을 학대했습니다. 그는 이스라엘 자손에게 고된 일을 시켰습니다. 어려운 노동으로 이스라엘 백성의 생활을 괴롭게 했고, 흙을 이기고 벽돌을 굽게 하며 농사의 여러 가지 일을 시켰습니다.

애굽 왕이 시키는 일이 모두 엄했습니다. 그는 히브리 산파에게 히브리 여인의 해산을 도울 때 남자아이면 죽이고 여자아이면 살려 두라는 살인 명령을 내렸습니다. 바로는 이것도 뜻대로 되지 않자, 이스라엘 모든 백성에게 아들이 태어나면 나일강에 던지고 딸이면 살려 두라고, 부모에게 아들 살해 명령을 내렸습니다. 애굽 왕은 대를 이어 이스라엘 백성을 괴롭혔습니다.

애굽 왕이 이렇게 이스라엘을 악대하고 괴롭히는데도 이스라엘 자손은 그가 원하는 대로 되지 않았습니다. 이스라엘 백성은 학대를 받을수록 더욱 번성하여 퍼져 나갔습니다. 자기가 괴롭히는 부하 직원이 계속 승진하는 것을 봐야 하는 못된 상사 심정이 바로의 마음 상태입니다. 히브리 산파에게 남자아이가 태어나면 죽이라는 살인 명령을 내렸지만, 애굽 왕의 뜻대로 되지 않았습니다. 성경은 이때 상황을 "그 백성은 번성하고 매우 강해지니라"출 1:20라고 전해 줍니다.

당대 세계 최강 국가의 왕이 직접 나서서 이스라엘을 망하게 하려고 했는데, 오히려 결과는 그 반대로 나타났습니다. 어떻게 이렇게 될 수 있을까. 사람의 생각으로는 이러면 이스라엘은 망하고 쇠하여야 하는데 그렇게 되지 않았습니다.

그 이유를 우리는 성경에서 찾을 수 있습니다. 출애굽기 2장은 "하나님이 이스라엘 자손을 돌보셨고 하나님이 그들을 기억하셨더라"출 2:25로 끝납니다. 이 말씀 속에 답이 있습니다. 하나님이 이스라엘 자손을 돌보셨습니다. 애굽 왕은 이스라엘 자손을 못살게 괴롭혔지만, 하나님은 그들을 돌보셨습니다.

애굽 왕이 이스라엘 백성에게 행한 일과 하나님이 그들에게 하신 일은 정반대입니다. 애굽 왕의 목표는 이스라엘 자손이 망하는 것입니다. 하나님의 목표는 이스라엘의 번성입니다. 애굽 왕은 이스라엘 백성과 싸운다고 생각했지만, 실은 하나님과 싸웠습니다. 이 싸움에서 누가 이겼을까. 하나님이 이기셨습니다. 하나님 승리입니다.

하나님이 택하신 백성을 괴롭히고 못살게 한 사람은 애굽 왕 바로로 한정되지 않습니다. 그동안 역사 가운데 수없이 많은 바로가 등장했습니다. 수많은 애굽 왕이 나타났다 사라졌습니다. 그러나 하나님의 자녀들은 여전히 건재합니다. 주님이 세우신 교회는 여전히 부흥하고 있습니다. 그들이 바로 왕 이상으로 기독교를 박해했지만, 기독교는 망하지 않았습니다. 교회 문은 여전히 열려 있습니다. 음부의 권세가 우리를 이길 수 없습니다.

기억해야 합니다. 애굽 왕은 하나님을 이길 수 없습니다. 살다 보면 애굽 왕을 만나 괴롭힘을 당할 수 있습니다. 그로 인해 금방이라도 우리 인생이 무너질 것 같지만, 우리는 기억해야 합니다. 하나님이 우리를 돌보고 계십니다.

photo by Choi kyuhwan

이런 상황일 때, 우리는 애굽 왕이 아니라 나를 돌보시는 하나님을 묵상해야 합니다. 그래야 우리도 시편 기자와 같은 고백을 할 수 있습니다.

여호와는 내 편이시라 내가 두려워하지 아니하리니 사람이 내게 어찌할까 시 118:6

하나님은 이스라엘 자손을 돌보실 뿐 아니라 그들을 기억하셨습니다. 우리를 돌보시며 우리를 기억하시는 하나님이 지금 우리와 함께 계십니다.

애굽 왕이 우리를 괴롭힌다 해도 우리는 번성하고 우리는 강해질 것입니다. 하나님이 우리를 돌보시고 우리를 기억하시기 때문입니다.

photo by Cho hyunsam

자기 일

하나님이 우리를 두 번 부르십니다. 한 번은 구원을 위해 부르십니다. 예수 믿는 우리는 구원을 위해 우리를 부르신 하나님의 부름에 '예'한 사람들입니다. 또 한 번, 하나님은 사람을 일로 부르십니다. 이것을 소명이라고 하기도 합니다. 목사가 되고 선교사가 되는 것도 소명이고, 건축가가 되고 요리사가 되고 사업가가 되고 기술자가 되고 약사가 되는 것도 다 소명입니다.

모세의 나이 80세 때, 하나님은 그를 불러 이스라엘 백성을 출애굽시키는 일을 맡기셨습니다. 하나님은 이 일을 모세에게 맡기시기까지 그를 80년 동안 준비시키셨습니다. 모세의 준비 과정에는 애굽 왕실에서 정치를 배우는 일정도 있었고, 미디안 광야에서 양을 치며 목자의 심정을 배우는 일정도 있었습니다. 『기독교 강요』라는 기념비적인 책을 저술한 칼빈의 경우도 법학과 신학을 다 공부했습니다. 법학은 아버지의 의지로 배웠고 신학은 그의 의지로 배웠습니다. 그러나 결과적으로는 이 둘 다 그의 일을 위한 준비 과정이었습니다. 자의에 의해서든 타의에 의해서든 자기 일을 찾기까지 우리는 준비 과정을 거칩니다.

우리 가운데는 자기 일이 무엇인지 아는 이들도 있고, 아직 자기 일이 무엇인지 모른 채로 준비 과정에 있는 이들도 있습니다. 중요한 것은 어느 경우든, 지금은 그 일이 자기 일입니다. 모세가 왕궁에서 정치를 배울 때, 그때는 그 일이 그에게 자기 일이었습니다. 미디안 광야에서 양을 칠 때, 그때는 그 일이 모세에게 자기 일이었습니다.

아직 자기 일이 무엇인지 모른 채로 공부하는 학생들이 많은데, 모세의 경우를 떠올리면 지극히 자연스러운 일입니다. 이런 경우라도 그는 아직 자기 일을 모르지만, 지금 해야 할 일은 압니다. 성실하게 공부하는 것이 지금은 그의 일입니다. 지금은 그것이 그의 자기 일입니다.

하나님의 부르심에는 뜻이 있습니다. 하나님의 보내심에는 뜻이 있습니다. 하나님이 모세를 세상에 보내실 때 뜻이 있었습니다. 성경을 통해 우리는 그것이 이스라엘 백성을 애굽에서 건져 가나안 땅으로 인도하는 일임을 압니다. 그러나 모세가 이것을 알기까지는 80년이 걸렸습니다.

바울도 자기 일을 하는 데 30년 이상 걸렸습니다. 요셉도 그 나이 서른이 되어서야 자기 일이 무엇인지 알았습니다. 하나님은 우리를 세상에 보내실 때 "이것이 너의 일이야"라는 꼬리표를 달아 보내지 않으셨습니다. 태어나서, 자라서, 어느 때가 되었을 때, 그때가 돼서야 우리는 알게 됩니다. '아, 이것이 하나님이 나에게 주신 내 일이구나.'

자기 일을 알았다면, 그 일을 하면 됩니다. 몸에 많은 기관과 조직이 필요합니다. 세상도 마찬가지입니다. 몸은 각 기관과 조직이 그 역할을 잘 감당할 때 건강합니다. 눈이 눈의 역할을, 손이 손의 역할을 할 때 그 몸은 자유롭고 건강합니다. 세상도 마찬가지입니다. 사람 중에는 눈 역할이 자기 일인 사람이 있고 손 역할이 자기 일인 사람이 있습니다. 눈은 눈으로, 손은 손으로 각각 자기 일을 하면 세상은 건강하고 아름다워집니다.

우리가 세상 모든 일을 다 해야 한다는 부담은 갖지 않아도 됩니다. 자기 일을 하면 됩니다. 손이면 손의 일을, 눈이면 눈의 일을 하면 됩니다. 손이 하면 그냥 할 수 있는 일을 굳이 눈이 그걸 하겠다고 시력을 손상해 가며 50년 동안 매달릴 이유가 없습니다. 각자 자기 일을 하면 됩니다. 자기 일은 자기가 하고 남의 일은 남이 하도록 하면 됩니다. 돕는다며 남의 일에 간섭하는 우는 범하지 말아야 합니다. 도와준다며 남의 일을 내가 결정하는 우도 범하지 말아야 합니다.

하나님은 우리 각자에게 자기 일을 주셨습니다. 자기 일을 하며 살면 행복합니다. 자기 일에 만족하며 사는 것이 잘사는 것입니다.

성지에서
사는
사람들

―――――

 성지, 거룩한 땅이라는 의미입니다. 국립국어원이 발행한 표준국어대사전은 성지를 "특정 종교에서 신성시하는 장소. 종교의 발상지나 순교가 있었던 지역으로 기독교의 예루살렘, 이슬람교의 메카 등이다"라고 풀이했습니다. 이 뜻풀이를 기준으로 하면, 예루살렘이나 메카 등이 성지입니다.

 성경도 이렇게 말하고 있을까. 성경에서 성지를 검색해 봤습니다. 한글 성경에 성지라는 표현은 없습니다. '거룩한 땅'으로 검색하면, 하나님이 모세를 부르실 때 이 말이 처음 나옵니다. 하나님은 떨기나무 가운데서 그에게 "네가 선 곳은 거룩한 땅이니 네 발에서 신을 벗으라"고 하셨습니다. 의미상으로 거룩한 땅은 창세기에도 나오지만, 명시적으로 거룩한 땅이라고 하나님이 말씀하신 곳은 이곳이 처음입니다.

하나님이 모세에게 "네가 서 있는 곳은 거룩한 땅"이라고 하신 그곳은 이집트 땅에 있는 산입니다. 이집트를 통해 이스라엘로 들어갈 때, 대부분의 성경지리연수팀은 시내산을 등정합니다. 이른 새벽에 일어나 도보로 시내산을 오릅니다. 모세가 하나님 앞에 섰던 그 땅을 거룩한 땅이라고 한다면, 오늘날 성지는 이집트입니다.

이 말에 이스라엘은 동의하지 않을 것입니다. 이스라엘은 그들의 땅이 성지라고 주장할 것입니다. 성경지리연수에 관한 책 중 제목이 『홀리 랜드』도 있습니다. 성경지리연수를 위해 이스라엘을 방문하는 것을 성지순례라고 부르다 보니, '성지'라고 하면 이스라엘 땅이라는 생각이 굳어진 경향이 있습니다.

하나님은 모세에게 "네가 선 곳은 거룩한 땅"이라고 하셨습니다. 이를 인용한 사도행전은 "네가 서 있는 곳은 거룩한 땅"이라고 했습니다. 모세가 서 있는 곳이 거룩한 땅, 그곳이 성지입니다. 모세가 하나님 앞에 서 있는 곳에 방점을 찍을지, 땅에 방점을 찍을지에 따라 성지의 위치가 달라집니다. '땅'에 방점을 찍으면 이집트의 한 산이 성지가 됩니다. 모세가 '하나님 앞에 서 있는'에 방점을 찍으면 모세가 서 있는 곳은 어디나 그곳이 성지입니다.

우리는 방점을 땅이 아니라 하나님 앞에 서 있는 모세에게 찍습니다. 모세가 서 있는 그곳이 거룩한 땅인 것은 그곳에 하나님이 계셨고 그곳에 부름을 받은 모세가 서 있었기 때문입니다.

바울은 고린도교회 성도들을 향해 "너희는 너희가 하나님의 성전인 것과 하나님의 성령이 너희 안에 계시는 것을 알지 못하느냐"고전 3:16 라고 했습니다. 이 말 후에 바울은 "하나님의 성전은 거룩하니 너희도 그러하니라"라고 했습니다. 하나님이 거하시는 사람, 하나님과 함께하는 사람은 거룩한 사람입니다. 그래서 성경은 그를 성도라고 부릅니다.

오늘로 이야기하면, 모세는 예수 믿는 사람입니다. 그는 주의 사자입니다. 그 모세가 지금 하나님 앞에 서 있습니다. 하나님은 그곳을 거룩한 땅이라고 하셨습니다. 하나님이 계시고, 하나님의 부르심을 받은 사람이 서 있는 하나님의 면전이 거룩한 땅, 곧 성지입니다.

하나님은 우리와 함께하십니다. 예수님은 세상 끝 날까지 우리와 항상 함께하겠다고 하셨습니다. 우리 앞에는 하나님이 계십니다. 예수 믿는 우리는 항상 하나님의 면전에 있습니다. 예수 믿는 우리가 하나님과 함께 살고 있는 이곳이 성지입니다.

우리가 집에 있으면 집이 성지입니다. 주일에 교회에 가면 교회가 성지입니다. 설거지를 하기 위해 선 싱크대 앞이 성지입니다. 잠을 자기 위해 누운 침대가 성지입니다. 예수 믿는 우리는 하나님의 면전에서 근무합니다. 우리의 일터는 성지입니다. 우리가 휴가 간 그 땅이 성지입니다. 예수 믿는 우리가 밟는 땅, 우리가 사는 땅은 다 성지입니다.

photo by Cho hyunsam

　우리는 성지를 순례하는 사람이 아니라 성지에서 사는 사람입니다. 성도인 우리는 성지에서 오늘도 성령과 함께 살고 있습니다. 이제 혼동을 피하기 위해, 성지순례 대신 성경지리연수라고 우리 말해요.

과거의
부정적인 경험을 넘어,
이제 가라

출애굽을 앞두고 하나님은 모세를 호렙산으로 불러 "내가 내려가서 그들을 애굽인의 손에서 건져 내고 그들을 그 땅에서 인도하여 아름답고 광대한 땅, 젖과 꿀이 흐르는 땅으로 데려가려 하노라"라고 하시며 그에게 대뜸 "이제 가라"고 하셨습니다. 모세는 이 말씀에 바로 "예"라고 하지 못했습니다. 모세는 궁금한 것도 많고 걱정되는 것도 많았습니다.

하나님은 모세를 출애굽 지도자로 임명하셨습니다. 그러나 모세는 "내가 누구이기에 바로에게 가며 이스라엘 자손을 애굽에서 인도하여 내리이까"출 3:11라고 반문했습니다. 하나님이 그를 다독이며 "내가 반드시 너와 함께 있으리라"라고 말씀하시며 가라고 하셨지만, 모세는 이런 저런 이유로 미적거렸습니다.

모세는 "그들이 나를 믿지 않고 내 말을 듣지도 않으며 '여호와께서 네게 나타나지 아니하셨다'고 말할 겁니다"라고 주장했습니다. 하나님은 그런 모세에게 지팡이가 뱀이 되고, 품에 넣은 손에 나병이 발하는 표적을 보여 주셨습니다. 여기에 하나를 더해 나일강 물을 조금 떠다 땅에 부으면 그 물이 피가 될 것이라고 하셨습니다. 그랬더니 모세는 화제를 돌려 자신은 입이 뻣뻣하고 혀가 둔한 자라며 "오 주여, 보낼 만한 자를 보내소서"라고 애원했습니다.

모세는 왜 이렇게 영광스러운 주님의 부르심에 주저하며 빠져나갈 궁리만 했을까요. 믿음이 없어서, 또는 믿음이 적어서라고 해석할 수도 있습니다. 모세가 이렇게 반응한 데는 이 큰일, 출애굽을 자신이 해야 한다고 생각한 것도 한몫했습니다. 하나님은 계속 하나님이 하시겠다고 하나님을 주어로 "내가"라고 말씀하시는데 모세는 계속 "내가 누구이기에", "내가 어찌", "내가 어떻게" 하고 있습니다. 하나님은 내가 내 백성을 애굽에서 건져 내겠다고 계속 말씀하시는데, 그것이 모세 귀에는 들리지 않았나 봅니다.

출애굽은 하나님이 하십니다. 그 일은 모세를 통해 하나님이 하십니다. 우리 일도 마찬가지입니다. 그 어떤 일도 우리가 하는 것이 아닙니다. 하나님이 하십니다. 다만 하나님이 우리를 통해서 하십니다. 이 믿음이 모세에게도, 우리에게도 필요합니다.

모세가 이렇게 한 데는 또 하나의 이유가 있습니다. 그에게는 40년 전, 애굽에 있을 때 자기 민족 히브리 사람 편에 서서 나름 그들을 돕기 위해 나섰다가, 동족이 "누가 너를 우리를 다스리는 자와 재판관으로 삼았느냐"며 달려든 경험이 있습니다. 이 일이 요즘 말로 하면 트라우마로 남았던 것 같습니다.

우리도 한 번 어떤 거절이나 거부를 경험하면, 다음에 선뜻 같은 일에 나서지 못합니다. 모세가 하나님이 이제 가라고 하시는데도 계속 가지 않을 이유를 열거하는 걸 보니 부정적인 경험의 벽을 넘기가 이렇게 어려운가 봅니다.

우리도 과거의 부정적인 경험 때문에 오늘 하지 못하고 있거나, 하지 않고 있는 일이 있습니다. 한 번 사람에게 당한 후로 더는 사람을 신뢰하지 못하는 사람도 있습니다. 한 번 사랑한 사람에게 상처를 받은 후로 더는 사랑을 못 하는 사람도 있습니다. 잘해 준 사람이 훌쩍 떠나는 것을 경험한 후에 다른 사람에게 잘해 주던 그 일마저 중단하는 경우도 있습니다.

좋은 일인데, 잘하던 일인데, 주님이 원하시는 일인데, 과거의 부정적인 경험 때문에 지금 중단한 것이 있다면, 모세에게 "이제 가라"고 하신 주님은 오늘 우리에게 "이제 하라"고 하십니다.

하나님은 그 부정적인 경험을 넘어서길 원하십니다. 거절당하고 거부당한 그곳으로, 그 사람에게로 하나님은 다시 모세를 보내셨습니다. 부정적인 경험 때문에 주저하고 있다면, 우리도 그것을 넘어야 합니다. 우리가 가지 않을 이유를 찾는 대신, 우리가 하지 않을 이유를 찾는 대신, 가야 하고 해야 합니다.

다시 과거의 그 부정적인 경험을 넘어 주님 말씀대로 해야 합니다. 다시 사랑하고, 다시 선을 행하고, 다시 잘해 주고, 다시 손을 펴야 합니다. 주님은 모세에게도, 우리에게도 이것을 원하십니다.

하나님의 지팡이면,
그것으로
충분합니다

———

모세는 이제 애굽을 향해 출발했습니다. 모세가 호렙산에서 하나님의 부르심에 "예" 하기까지 시간이 좀 걸렸습니다. 자신의 부족함과 연약함을 너무도 잘 알기에 하나님께 보낼 만한 자를 보내 달라고 사정하기도 했습니다. 그런 과정을 거쳤지만, 모세는 마침내 짐을 꾸려 애굽으로 출발했습니다.

성경은 이 여정을 이렇게 보도했습니다.

모세가 그의 아내와 아들들을 나귀에 태우고 애굽으로 돌아가는데 모세가 하나님의 지팡이를 손에 잡았더라 출 4:20

우리가 여기서 주목하는 것은 모세가 잡은 하나님의 지팡이입니다. 어떻게 보면 이 이야기는 하지 않아도 문장 흐름이나 내용 전개에 무리가 없습니다. 그런데 출애굽기 저자인 모세는 "모세가 하나님의 지팡이를 손에 잡았더라"라고 콕 집어 써 놓았습니다.

모세가 손에 잡은 하나님의 지팡이는 어떤 지팡이일까. 하늘에서 내려온 금 지팡이일까. 아닙니다. 이 지팡이는 모세가 양을 칠 때 사용하던 지팡이입니다. 나무를 잘라 만든 마른 지팡이입니다. 그야말로 보잘것없는 지팡이입니다.

하나님은 모세가 자신의 부족을 절감하며 나는 할 수 없다며 출애굽 인도자를 고사할 때, 네 손에 있는 것이 무엇이냐고 물으셨습니다. 모세는 너무나 자연스럽게 "지팡이니이다"라고 했습니다. 이 말 속에는 "이것밖에 없습니다, 하나님. 이것밖에 없는데 어떻게 애굽에 있는 이스라엘 백성을 제가 인도할 수 있겠습니까"가 들어 있습니다.

하나님은 지팡이를 통해 모세의 눈앞에서 이적을 베푸셨습니다. 하나님은 모세에게 지팡이를 땅에 던지라고 하셨습니다. 지팡이가 뱀이 되었습니다. 놀란 모세에게 하나님은 뱀의 꼬리를 잡으라고 하셨습니다. 뱀이 다시 지팡이가 되었습니다. 모세의 지팡이가 이적 지팡이가 아닙니다. 하나님의 말씀대로 하니 이런 놀라운 일이 일어난 겁니다.

"너는 지팡이다. 너는 마른 지팡이다. 그래, 네가 말한 대로 넌 이 일을 할 수 없다. 그러나 내가 하면 마른 막대기를 통해서도 이런 역사가 일어나는 것처럼, 너를 통해서도 출애굽의 역사가 가능하다. 내가 던지라면 던지고 잡으라면 잡기만 하면 된다."

하나님은 모세에게 "너는 이 지팡이를 손에 잡고 이것으로 이적을 행할지니라"출 4:17라고 하셨습니다. 이날 이후 모세는 이 지팡이를 하나님의 지팡이라고 불렀습니다.

모세가 하나님 앞에서 "나는 할 수 없습니다"라며 고사하는 것을 보며, 우리는 그 안에서 우리 자신의 모습을 봅니다. 자신을 너무나 잘 알기에 그렇게 말할 수밖에 없는 우리가 보입니다. 이런 우리에게 필요한 것은 믿음입니다. 나는 할 수 없지만, 하나님은 하실 수 있다는 믿음이 필요합니다. 예수님은 "할 수 있거든이 무슨 말이냐"라며 "믿는 자에게는 능히 하지 못할 일이 없느니라"막 9:23라고 힘줘 말씀하십니다.

하나님을 믿고 그 말씀대로 하면 마른 지팡이가 하나님의 지팡이가 됩니다. 이것을 믿으면 연약하고 부족하고 허물 많은 우리가 하나님의 사람이 됩니다. 모세가 자신의 지팡이를 하나님의 지팡이라고 한 것처럼, 우리 역시 우리를 하나님의 사람이라고 해야 합니다.

바울은 디모데를 "너, 하나님의 사람아"라고 불렀습니다. 우리는 "나, 하나님의 사람아"라고 우리 자신을 부르고, 믿음의 사람을 "너, 하나님의 사람"이라고 불러야 합니다.

하나님을 믿는 우리가 손에 잡은 지팡이는 이제 더는 마른 지팡이가 아닙니다. 하나님의 지팡이입니다. 우리는 미력한 힘과 모자라는 지혜를 하나님께 내어놓았습니다. 하나님은 지금 그것을 쓰고 계십니다. 우리의 미력한 힘은 능하신 하나님의 힘이 되었습니다. 지금 우리에게는 하나님의 힘, 하나님의 지혜가 있습니다.

하나님의 지팡이면, 그것으로 충분합니다. 지팡이를 펜으로 바꾸려고 애쓰지 않아도 됩니다. 지팡이로도 충분합니다. 우리에게는 하나님의 지팡이가 있습니다. 우리는 하나님의 지팡이를 잡은 하나님의 사람입니다.

집으로
돌아갈 날이
있습니다

―――

　모세는 애굽에서 바로의 공주의 양자로 살다 살인 사건으로 인해 미디안 광야로 피신했습니다. 그는 거기서 결혼해 아들 둘을 낳았습니다. 큰아들 이름은 게르솜, 작은아들 이름은 엘리에셀입니다.

　자녀 이름을 부모가 짓습니다. 가끔 제게 자녀 이름을 지어 달라고 하면, 그건 부모 몫이니 기도하며 잘 지어 보라고 합니다. 자녀 이름을 지을 때, 우리나라도 그렇지만, 성경 시대 때도 뜻을 중시합니다. 이름에 부모의 소원도 담고 어떤 경우는 자신이 처한 처지도 담고 자녀를 향한 축복도 담습니다.

　모세도 그랬습니다. 모세도 두 아들 이름에 뜻을 담았습니다. 큰아들 이름은 게르솜인데, 그 뜻은 '객'입니다. 나그네라는 말이지요. 작은아들 이름은 엘리에셀인데, 그 뜻은 '하나님이 도우셨다'입니다. 큰아들 이름 속에 모세는 내가 이방에서 나그네가 되었다는 자신의 처지를 새겨 넣었습니다. 작은아들 이름 속에 하나님이 나를 도우사 바로의 칼에서 구원하셨다는 은혜를 담아 놓았습니다.

  모세는 큰아들을 "나그네야"라고 불렀습니다. 그 이름을 부를 때마다 모세는 마음으로 '그래, 나는 나그네야, 나그네' 했을 것입니다. 작은아들은 "하나님이 도우셨다"라고 불렀습니다. 엘리에셀이라고 그를 부를 때마다, '하나님이 나를 도우사 내가 지금 살아 있는 거야'라고 생각했을 겁니다.

  어떻게 자녀 이름을 나그네라고 지을 수 있을까 하는 생각을 잠깐 하기도 했습니다. 그런데 생각해 보니, 모세가 지은 두 아들의 이름은 모세의 신앙고백 같은 겁니다. 모세는 인생은 나그네인 걸 알았습니다. 그는 나그네 인생은 하나님의 도우심이 있어야 살 수 있다는 믿음이 있었습니다. 모세는 이것을 가훈으로 만들어 액자에 담아 걸어 두는 대신 두 아들 이름에 담아 불렀습니다.

  모세가 아들 이름 지은 걸 보면, 그가 애굽에서 바로의 공주 아들로 40년을 살았지만, 그 안에는 믿음이 있었음을 알 수 있습니다. 모세의 믿음이 시작된 지점은 어머니 품입니다. 그의 어머니 요게벳이 모세의 유모가 되어 그를 젖 뗄 때까지 자기 집에서 키웠습니다. 이 몇 년을 통해 모세는 나그네 인생, 하나님의 도움이 있어야 산다는 믿음을 갖고 중년의 때를 보냈습니다. 자녀들이 어렸을 때, 신앙을 갖게 하는 것이 참 중요하네요.

우리는 자녀 이름을 게르솜과 엘리에셀로 짓지는 않았지만, 우리 안에도 이 믿음이 있습니다. 우리는 이 땅에서 잠시 사는 나그네입니다. 그날이 언제인지는 모르지만, 우리에게는 집으로 돌아갈 날이 있습니다. 안 올 것 같지만, 아주 먼 훗날 이야기 같지만, 어느 순간 우리를 찾아오는 날이 있습니다. 집으로 돌아가는 날도 그렇게 우리를 찾아올 겁니다. 그날이 오면 우리는 다 두고 떠나야 합니다. 끝까지 붙잡고 있던 그것도, 그 자리도 놓고 우리는 집으로 돌아가야 합니다. 인생이 나그네지만, 감사한 것은 우리에게는 돌아갈 집이 있다는 겁니다. 우리에게는 돌아갈 하늘 집이 있습니다.

우리는 나그네 인생이며, 하나님의 도우심으로 사는 것이라고 모세는 두 아들 이름을 통해 우리에게 귀띔합니다. 나그네 인생을 살고 있는 우리에겐 수고가 있고 무거운 짐이 있습니다. 하나님이 도와주시고, 살려주시고, 보호해 주셔야 살 수 있는 것이 나그네 인생입니다. 그래야 웃으며 살 수 있습니다. 그래야 사랑하며 살 수 있습니다.

photo by Cho hyunsam

우리는 지금 하루하루를 하나님의 도우심으로 살고 있습니다. 우리의 산 날 가운데는 견딘 날도 있고 겨우 버틴 날도 있습니다. 우리는 이런 날을, 이런 때를 힘든 날이라고 하는데, 하나님은 우리에게 잘했다며 이런 날을 너희가 나의 도움을 받아 사랑한 날이라고 일러 주십니다.

"그저 하루하루 버티고 견디고 있습니다"라고 고백하는 우리에게 "얘야, 애썼다. 수고했다. 그게 사랑이야. 너, 그거 사랑한 거야. 버텨 줘 고맙고, 견뎌 줘 고맙다"며 등을 토닥여 주십니다.

고난은
출애굽의
전조 현상입니다

───────

전조 또는 전조 현상이란 말이 있습니다. 어떤 일이 발생하기 전에 나타나는 현상을 두고 하는 말입니다. 지진 전조 현상은 지진이 발생하기 이전에 진앙 근처에서 발생하는 현상을 두고 하는 말입니다.

이스라엘 백성이 애굽으로 이주해 산 지 350년 어간부터 애굽 땅에서 이스라엘 백성들은 노역에 시달렸습니다. 이스라엘 백성의 수가 늘어나는 것에 두려움을 느낀 애굽 왕이 이스라엘의 인구 증가를 인위적으로 막는 악을 정책으로 추진했습니다. 이스라엘 백성을 과로하게 했습니다. 그렇게 하면, 남자들이 집에 가자마자 쓰러져 아무 일도 못 할 줄 알았습니다. 이러면 자녀를 잉태시키는 일 자체를 하지 못할 줄 알았습니다. 그러나 그럴수록 이스라엘 인구는 증가했습니다.

급기야 애굽 왕 바로는 산파들에게 이스라엘 여인이 남자아이를 낳으면 죽이라고 명령했지만, 이도 여의치 않자 남자아이가 태어나면 나일강에 버리라는 명령을 내렸습니다. 이는 곧 이스라엘 부모에게 아들을 낳으면 나일강에 버리라는 말입니다.

모세가 태어날 어간부터 시작된 이 고난이 그가 80세가 되었을 때까지도 계속되었습니다. 이스라엘 백성이 애굽 땅에서 당한 고난의 연수가 최소 80년입니다. 이 80년은 고난의 행군기, 고통으로 얼룩진 80년, 흑암의 80년, 불행한 80년, 절망의 80년 등 해석에 따라 다양하게 부를 수 있습니다.

이 80년의 고난 기간은 출애굽의 전조 현상이었습니다. 이 고난 후에 출애굽의 역사가 일어났습니다. 출애굽 때만 이런 일이 있었던 것은 아닙니다. 한나의 고난, 그 후에 사무엘이 태어났습니다. 한나의 고난은 사무엘이 태어날 전조 현상이었습니다.

바울은 로마교회에 고난에 대해 설명하며 "생각하건대 현재의 고난은 장차 우리에게 나타날 영광과 비교할 수 없도다" 롬 8:18 라고 했습니다. 현재의 고난 후에 그와 비교할 수 없는 영광이 나타납니다. 고난은 영광의 전조 현상입니다. 십자가의 고난 후에 부활의 영광이 나타났습니다. 고난은 부활의 전조 현상입니다.

고난 다음에 출애굽이 시작되었습니다. 고난 다음에 사무엘이 태어났습니다. 고난 다음에 비교할 수 없는 영광이 나타났습니다. 고난 다음에 부활의 역사가 일어났습니다. 고난으로 끝나지 않았습니다. 고난으로 망하지 않았고 고난으로 쓰러지지 않았습니다. 고난의 날 다음에 영광의 날이 도래했습니다. 고난이 끝없이 이어지는 것 같이 느껴지지만, 고난은 영원하지 않습니다. 고난은 과정입니다. 고난은 끝이 있습니다.

고난을 당할 때, 우리는 고난 다음을 바라봐야 합니다. 예수님은 그 앞에 있는 기쁨을 위하여 십자가를 참으사 부끄러움을 개의치 아니하시더니 하나님 보좌 우편에 앉으셨다고 히브리서 기자는 우리에게 일러 줍니다. 이는 그가 우리를 향해 "믿음의 주요 또 온전하게 하시는 이인 예수를 바라보자"히 12:2 라며 한 말입니다. 고난을 당할 때, 우리도 예수님처럼 그 앞에 있는 기쁨을 바라봐야 합니다. 그래야 고난을 견딜 수 있습니다.

모세가 80세 되었을 때, 이스라엘 백성이 고난당한 지 80여 년 되었을 때, 이스라엘 백성의 고난은 배가 되었습니다. 이스라엘 백성에게 짚을 주며 하루 일정량의 벽돌 수효를 채우라던 바로가 이제는 짚을 주지 않고 그것을 백성 스스로 구해 동일한 벽돌 수효를 채우라고 했습니다. 그 수효를 채우지 못하자 그들을 때렸습니다. 고난이 가중되었습니다.

이러면 모든 것이 끝난 것 같아 절망하고 포기하기 쉽습니다. 그러나 성경을 보면, 출애굽기를 보면 이 일 후에 출애굽이 시작되었습니다. 고난이 가중되는 것은 출애굽이 임박했다는 시그널입니다. 고난의 가중은 임박한 출애굽의 전조 현상입니다. 고난이 깊어질 때, 그것을 임박한 출애굽의 전조 현상으로 볼 수 있으면 힘이 납니다. 기대가 됩니다. 고난 가운데서도 즐거워할 수 있습니다.

사람을 통해
하나님의 말씀
듣기 연습

―――――

하나님이 모세를 불러 출애굽의 역사를 맡기실 때, 모세는 자신은 말을 잘 못한다며 고사했습니다. 그때 하나님이 모세에게 "레위 사람 네 형 아론이 있지 아니하냐"며 "그가 말 잘하는 것을 내가 아노라"고 하셨습니다. 하나님은 "그가 너를 만나러 나오나니 그가 너를 볼 때에 그의 마음에 기쁨이 있을 것이라" 출 4:14고 하셨습니다. 이 하나님의 말씀은 아론이 기쁨으로 모세를 돕도록 다 준비해 놓으셨다는 말씀으로 들립니다. 하나님은 출애굽을 위해 이 두 사람을 팀으로 묶어 주셨습니다.

모세와 아론은 형제입니다. 모세가 동생이고 아론이 형입니다. 모세가 바로 앞에 섰을 때 그의 나이는 80세, 아론의 나이는 83세였습니다. 아론이 세 살 많습니다. 모세와 아론 중 권위자는 동생인 모세입니다. 일반적으로 형이 동생에게 명령합니다. 모세와 아론의 경우는 달랐습니다. 하나님은 모세에게 "내가 네게 명령한 바를 너는 네 형 아론에게 말하고 그는 바로에게 말하여 그에게 이스라엘 자손을 그 땅에서 내보내게 할지니라"출 7:2라고 하셨습니다.

하나님은 모세에게 말씀하시고 모세는 아론에게 말하는 이 방식은 성경에 아주 많이, 자주 나옵니다. 하나님이 직접 특정한 사람에게 말씀하시기도 하지만, 많은 경우 모세와 같은 사람을 세워 그를 통해 말씀하십니다. 모세와 같은 역할을 맡은 사람을 성경은 선지자라고 합니다. 성경은 모세를 선지자로 소개합니다. 이사야, 예레미야 등 성경에 많은 선지자가 등장합니다. 하나님이 그들에게 말씀하시면, 그들은 그 말씀을 이스라엘 백성에게 전했습니다.

하나님이 모세에게 하신 말씀은 당연히 하나님의 말씀입니다. 하나님께 들은 말씀을 모세가 아론에게 했습니다. 아론이 들은 말은 모세의 말인가요, 아니면 하나님의 말씀인가요. 하나님의 말씀입니다. 너무 당연한 사실이지만, 하나님은 글을 쓸 줄 아십니다. 하나님은 십계명을 직접 써 주셨습니다.

하나님은 창세기부터 요한계시록까지 모든 성경을 직접 써 주실 수 있는데, 그렇게 하지 않으셨습니다. 하나님은 사람을 감동하게 해 하나의 말씀을 쓰게 하셨습니다. 우리는 바울이 쓴 서신을 바울의 말이 아니라 하나님의 말씀으로 받습니다. 베드로가 쓴 서신 역시 우리는 베드로의 말이 아니라 하나님의 말씀으로 받습니다. 여러 기록자에 의해 성경이 기록되었지만, 우리는 모든 성경을 하나님의 말씀으로 믿습니다.

출애굽기를 읽으며, 하나님이 아론에게 사람을 통해 하나님의 말씀 듣는 연습을 시키시는 것 같다는 생각이 들었습니다. 어쩌면 번거롭고 불편할 수 있는데, 하나님은 꾸준하게 모세에게 말씀하시고 그것을 아론에게 말하라고 모세에게 이야기하십니다. 모세를 건너뛰고 바로 아론에게 말씀하셔도 될 것 같은데, 하나님은 이렇게 하셨습니다.

하나님이 세우신 모세를 통해 하나님의 말씀 듣는 연습, 이 훈련은 우리에게도 필요합니다. 하나님은 오늘도 우리에게 말씀하십니다. 많은 경우 하나님은 사람을 통해 말씀하십니다. 하나님이 가족을 통해 말씀하실 때도 있습니다. 부모나 어른의 말을 통해서만 하나님이 우리에게 말씀하시는 것은 아닙니다. 때로는 배우자나 자녀를 통해서도 하나님은 말씀하십니다. 우리는 주일마다 모여 하나님의 말씀을 듣습니다. 설교하는 이는 사람이지만, 우리는 그 사람을 통해 하나님의 말씀을 듣습니다. 우리는 설교를 하나님이 내게 하시는 말씀으로 듣습니다. 우리는 위로의 설교를 하나님이 나를 위로하시는 것으로 받습니다. 우리는 꾸짖는 설교를 하나님이 나를 꾸짖으시는 것으로 받습니다.

photo by Choi kyuhwan

　모세를 통해 하나님의 말씀을 듣는 것이 익숙해지면, 내게 말씀하시는 하나님을 더 많이, 더 자주 경험합니다. 우리 삶에 하나님의 말씀이 더욱 풍성해집니다. 하나님과 대화하며 사는 행복이, 안전이 우리 삶을 가득 채웁니다.

바로
그날

　이스라엘은 야곱 때 애굽으로 이주해 그 땅에서 430년을 살았습니다. 일정 시간이 지난 후, 그들은 그 땅에서 힘들게 살았습니다. 그들은 그 땅에서 430년 중 80년 이상을 노역에 시달렸습니다. 그들은 비참했습니다. 인격적인 대우를 받지 못했습니다. 애굽에 살던 이스라엘 백성을 묘사하는 데 가장 적절한 단어가 '노예'입니다. 그들은 바로에게 아들을 낳으면 나일강에 버리라는 명령까지 받았습니다. 하나님은 그들을 그 땅에서 건져 내시기로 작정하셨습니다.

　하나님은 모세를 불러 그를 애굽 왕에게 보내시고 "내 백성을 보내라"라고 하셨습니다. 바로는 이스라엘 백성을 순순히 내주지 않았습니다. 장정만 60만 명이나 되는 마음껏 부릴 수 있는 노예를 순순히 내주는 것은 쉬운 일이 아닙니다. 바로는 하나님의 명령을 따르는 대신 하나님과 겨루기를 택했습니다.

하나님이 열 가지 재앙을 애굽 땅에 내리셨습니다. 아홉 번째 재앙까지는 버텼는데, 열 번째 재앙인 장자의 죽음 앞에서 바로는 손을 들었습니다. 재앙이 임한 그 밤에 바로는 모세와 아론을 불러 "너희와 이스라엘 자손은 일어나 내 백성 가운데에서 떠나 너희의 말대로 가서 여호와를 섬기며 너희가 말한 대로 너희 양과 너희 소도 몰아가라" 출 12:31-32 고 다급하게 말했습니다. 바로는 결국, 손을 들었습니다. 하나님과 바로의 대결은 하나님 승으로 끝났습니다. 하나님과 싸워 이기겠다는 것은 무모한 도전입니다. 바로를 생각하면 안타깝습니다. 처음에 그냥 들었으면 얼마나 좋았을까.

출애굽기를 보는데 눈에 들어오는 '그날'이 있었습니다.

> 이스라엘 자손이 애굽에 거주한 지 사백삼십 년이라 사백삼십 년이 끝나는 그날에 여호와의 군대가 다 애굽 땅에서 나왔은즉 출 12:40

이 말씀에서 '그날에'가 나옵니다. 이스라엘 자손이 애굽에 거주한 지 사백삼십 년이 끝나는 '그날에' 여호와의 군대가 다 애굽 땅에서 나왔습니다. 하나님이 정하신 그날에 하나님이 출애굽을 시키셨습니다.

출애굽은 사람이 보기에는 어느 날 갑자기 이루어진 것 같지만, 하나님이 정하신 그날에 이루어졌습니다. 하나님이 정하신 날이 있습니다. 출애굽은 그날에 일어났습니다. 우리 인생 가운데도 그날이 있습니다. 하나님이 정하신 그날이 있습니다. 우리에게도 하나님이 정하신, 애굽에 거주한 지 사백삼십 년이 끝나는 그날이 있습니다.

지난날 우리 삶을 돌아보면, 우리 삶에 있었던 '그날'이 보입니다. 우리 생각에는 그날, 그 일이 어느 날 갑자기 다가온 것 같지만, 그 일은 하나님이 정하신 그날에 일어났습니다. 지난날만 그날이 있는 것은 아닙니다. 우리 인생 앞날에도 그날이 있습니다. 하나님이 준비하신 그날, 하나님이 정하신 그날이 있습니다. 그날에 하나님이 출애굽시키십니다. 그날을 우리는 알 수 없습니다. 그날은 정하신 하나님만 압니다. 우리는 그날을 모르지만, 하나님이 정하신 그날에 하나님이 하실 것을 우리는 알고 기대합니다.

출애굽 과정에 또 하나의 그날이 나옵니다.

온 이스라엘 자손이 이와 같이 행하되 여호와께서 모세와 아론에게 명령하신 대로 행하였으며 바로 그날에 여호와께서 이스라엘 자손을 그 무리대로 애굽 땅에서 인도하여 내셨더라 출 12:50

photo by Choi kyuhwan

온 이스라엘 자손이 여호와께서 모세와 아론에게 명령하신 대로 행한 '바로 그날에' 여호와께서 이스라엘 자손을 애굽 땅에서 인도하여 내셨습니다. 여기 나오는 그날은 순종의 날입니다.

하나님은 이스라엘 백성이 하나님 말씀에 순종한 날에 그들을 출애굽 시키셨습니다. 순종하는 날이 출애굽 날입니다. 우리는 오늘을 바로 그날로 만들 수 있습니다. 순종하면 오늘이 바로 그날, 출애굽 날입니다. 우리는 오늘을 하나님이 출애굽시키신 바로 그날로 만들고 있습니다.

하나님이 정하신 그날을 기대하며 오늘을 순종하며 '바로 그날'로 만드는 우리는 그리스도인입니다.

명절을
만드신
하나님

───

성경에 절기節氣가 나옵니다. 절기를 표준국어대사전은 다음 세 가지로 뜻풀이합니다.

한 해를 스물넷으로 나눈, 계절의 표준이 되는 것.
이십사절기 가운데 양력 매월 상순에 드는 것. 입춘, 경칩, 청명 따위다.
한 해 가운데서 어떤 일을 하기에 좋은 시기나 때.

이 셋 중 성경에서 사용하는 절기에 해당하는 뜻풀이는 세 번째입니다. 이 우리말 절기를 기준으로 설명하면, 하나님이 한 해 가운데서 어떤 일을 하기에 좋은 때를 정해 주셨는데, 그때가 절기입니다. 대부분의 영어 성경은 절기를 잔치feast라고 번역했고, NIV는 축제festival라고 번역

photo by Sung backchel

했습니다. 우리말 성경을 살펴봤는데, 개역개정판은 대부분 절기로 번역했고 간혹 명절로 번역했습니다.

모세오경 중에 유월절을 명절로 번역한 경우도 민수기 28장 17절에 한 번 있습니다. 신약성경은 명절과 절기를 같이 사용했는데, 명절이라고 번역한 것이 월등히 많습니다. 개역개정판 외의 여러 우리말로 번역한 성경은 절기 또는 축제로 번역했습니다. 최근 대한성서공회가 출간한 새한글성경은 절기를 '넘는 명절'로 번역했습니다.

성경에 나오는 절기는 하나님이 한 해 중에 특정한 날이나 때를 명절로 정해 주신 것이라고 이해하면 좋을 듯싶습니다. 우리 민족이 추석과 설을 명절로 지키듯이 그리스도인은 부활절과 맥추감사절(성령강림절)과 추수감사절과 성탄절을 명절로 지킵니다. 이 명절은 우리에게 잔칫날이고 축제일입니다. 절기와 명절을 혼용하며 이 글을 이어갑니다.

성경에서 절기라는 단어가 처음 나온 곳은 출애굽기입니다. 세상을 만드시고 사람을 만드시고 가정을 만드신 하나님이 절기, 곧 명절도 만드셨습니다. 하나님이 만드신 첫 번째 명절은 유월절입니다. 하나님은 1년 중 유대력으로 아빕월(1월) 14일을 유월절로 정해 주셨습니다. 고난의 떡을 먹는 무교절은 1월 14일부터 21일까지입니다. 우리가 사용하는 달력으로는, 이때가 고난주간과 부활절 어간입니다.

애굽의 장자가 다 죽는 재앙의 날에 하나님의 백성에게는 그 재앙이 넘어갔습니다. 재앙이 넘어간 것에 방점을 찍어, 넘는 명절 passover을 하나님이 만들어 주셨습니다. 이것이 유월절입니다.

절기를 만들어 주신 하나님은 "여호와께 절기를 지키라"고 하셨습니다. 그러면서 하나님은 명절을 어떻게 지킬지도 가르쳐 주셨습니다. 성경에 길게 설명한 절기 지키는 방법을 요약하면, "기억하고 감사하고 기뻐하라"입니다. "애굽 땅에서 너희를 구원하신 여호와를 기억하라. 애굽의 장자가 다 죽임을 당하는 재앙의 날에 너희 자녀들에게 그 재앙이 넘어가게 하신 하나님께 감사하라. 절기를 지킬 때에는 너와 네 자녀와 노비와 네 성 중에 거주하는 레위인과 객과 고아와 과부가 함께 즐거워하라." 절기 때마다 그 명절에 하나님이 하신 일을 기억하고, 그 일을 행하신 하나님께 감사하고, 다 같이 나눠 먹으며 기뻐하는 것이 하나님이 가르쳐 주신 절기 지키는 방법입니다.

하나님은 1년에 한 번인 명절만 아니라 매주 한 번씩 있는 명절도 만들어 주셨습니다. 그날이 안식일입니다. 안식일의 주인이신 예수 그리스도께서 안식 후 첫날 부활하셨습니다. 부활은 영원한 안식의 시작입니다. 이날이 주의 날, 주일입니다. 주일은 안식일의 완성입니다. 주일이 안식일을 품었습니다. 우리는 주일을 지킵니다.

주일을 지킬 때, 우리는 하나님이 이 세상과 나를 창조하신 것과 하나님이 나를 구원하신 것을 기억해야 합니다. 성경은 "너는 기억하라"며 "네가 애굽 땅에서 종이 되었더니 네 하나님 여호와가 강한 손과 편 팔로 거기서 너를 인도하여 내었나니 그러므로 네 하나님 여호와가 네게 명령하여 안식일을 지키라 하느니라"신 5:15 라고 말합니다. 또한 우리는 우리의 부활을 확증해 주신 예수 그리스도의 부활을 기억하고 감사하고 기뻐해야 합니다. 주일은 명절입니다.

출애굽,
출인큐베이터

아브라함의 아들이 이삭이고 그의 아들이 야곱입니다. 야곱에게는 열두 아들이 있었습니다. 아브라함은 갈대아 우르에서 가나안 땅으로 이주했습니다. 그가 가나안 땅으로 이주할 때는 그저 몇 명 되지 않는 한 가족이었습니다. 아브라함의 자손은 그의 아들 이삭을 거쳐 손자 야곱 때 이르러, 70여 명의 대가족이 되었습니다. 이때, 가나안 땅에 큰 흉년이 들었습니다. 야곱은 가족을 이끌고 애굽으로 이주했습니다.

야곱의 애굽 이주는 하나님이 허락하신 일입니다. 하나님은 야곱에게 "애굽으로 내려가기를 두려워하지 말라"며 "내가 거기서 너로 큰 민족을 이루게 하리라"창 46:3고 하셨습니다. 야곱의 애굽 이주에는 하나님의 큰 그림, 거기서 그들로 큰 민족을 이루게 하는 것이 있었습니다.

이런 관점에서 애굽은 인큐베이터입니다. 아브라함의 후손이 나라를 이루기 위해서는 인구가 어느 정도는 되어야 합니다. 이렇게 되기까지 하나님은 애굽 인큐베이터에 그들을 넣으셨습니다. 가나안 족속들은 가나안 땅에서 아브라함의 자손이 많아지는 것을, 아브라함의 후손이 큰 민족이 되는 것을 결코 방치하지 않을 것입니다. 그래서 하나님이 택하신 방법이 애굽 인큐베이터 안에 이스라엘을 넣고 그 안에서 큰 민족을 이루게 하시는 것입니다.

하나님은 미리 요셉을 그 땅으로 보내 야곱의 자손들이 이주할 수 있도록 준비하셨습니다. 야곱과 그의 가족 70명이 처음 애굽으로 이주할 때만 해도 그들의 위치는 총리 가족이었습니다. 애굽으로 팔려 간 야곱의 아들 요셉이 당시 애굽의 총리였습니다.

하나님의 뜻대로, 계획대로 역사는 진행되었습니다. 야곱과 그의 자손이 애굽으로 내려가 생육하고 번성했습니다. 그들이 애굽으로 내려간 지 350년쯤 되었을 어간, 애굽이 긴장할 정도로 그들은 크게 번성했습니다. 애굽이 이스라엘을 견제하기 시작했습니다. 모세가 태어날 때 이미 괴롭힘이 심했던 것을 감안하면 그들은 최소 80년 이상 학대를 받았습니다. 애굽 생활의 5분의 1이 고난의 연속이었습니다.

고난에는 뜻이 있습니다. 그들에게 이 고난을 허락하신 하나님의 뜻은 무엇일까. 이 고난은 하나님이 그들을 그 땅에서 인도해 내시기 위한 시그널입니다. 이 고난은 출애굽의 전주곡입니다.

그들은 이미 그 땅에서 300년 이상을 살면서 뿌리를 내렸습니다. 그들에게 아무런 고난도 없는데, 이제 짐을 꾸려 가나안 땅으로 가라고 하시면, 그것이 하나님의 명령이라 할지라도 얼마나 따라나설까요. 다 이런저런 이유를 대며 그 땅에 주저앉을 겁니다. 집도 땅도 생활 기반도 다 그 땅에 있는 그들의 입장에서 보장되지 않고 확실하지도 않은 가나안으로의 이주를 선뜻 받아들이기는 쉽지 않습니다. 80년 넘게 이어진 괴롭힘과 고통의 시간은 그들로 그 땅에 정을 떼고 발을 떼게 하는 역할을 했습니다. 그들이 그 땅에 정이 떨어졌을 때, 하나님은 모세를 부르셔서 그들을 그 땅에서 인도하여 내셨습니다. 이것이 출애굽입니다.

애굽 인큐베이터 안에서 이스라엘은 430년을 지냈습니다. 그러는 사이 70명이던 이스라엘 인구는 장정만 60만 명이 되었습니다. 하나님이 애굽으로 내려가는 야곱에게 약속하신 대로, 하나님이 거기서 이스라엘을 큰 민족을 이루게 하셨습니다.

우리 인생 가운데도 인큐베이터 시기가 있습니다. 애굽에 거주할 때가 있고 인큐베이터 안에서 살아야 할 때가 있습니다. 거기도, 그때도, 하나님의 뜻이 있습니다. 하나님의 계획이 있습니다. 그때 서둘지 말아야

합니다. 때가 될 때까지, 그 안에 있어야 합니다. 거기서 하나님이 하실 일이 있습니다. 하나님의 뜻이 이루어지면, 하나님의 때가 되면 하나님이 출애굽시키십니다. 하나님은 우리를 평생 인큐베이터 안에서 살도록 디자인하지 않으셨습니다. 그곳은 우리가 평생 살 곳이 아닙니다. 때가 되면, 출애굽해야 합니다. 출애굽하면 아름다운 땅 가나안이 있습니다.

주의 손이

하나님이 이스라엘 백성을 애굽 땅에서 인도하여 내셨습니다. 하나님이 그들을 출애굽시키셨습니다. 그때, 그 일을 설명할 때 '주의 손'이 자주 등장합니다.

> 여호와께서 그 손의 권능으로 너희를 그곳에서 인도해 내셨음이니라
> 출 13:3

> 이는 여호와께서 강하신 손으로 너를 애굽에서 인도하여 내셨음이니
> 출 13:9

> 이는 여호와께서 그 손의 권능으로 우리를 애굽에서 인도하여 내셨음이니라 할지니라 출 13:16

어떤 신이 와서 시험과 이적과 기사와 전쟁과 강한 손과 편 팔과 크게 두려운 일로 한 민족을 다른 민족에게서 인도하여 낸 일이 있느냐 신 4:34

네가 애굽 땅에서 종이 되었더니 네 하나님 여호와가 강한 손과 편 팔로 거기서 너를 인도하여 내었나니 신 5:15

네 하나님 여호와께서 너를 인도하여 내실 때에 네가 본 큰 시험과 이적과 기사와 강한 손과 편 팔을 기억하라 신 7:19

이들은 주께서 일찍이 큰 권능과 강한 손으로 구속하신 주의 종들이요 주의 백성이니이다 느 1 :10

주께서 표적과 기사와 강한 손과 펴신 팔과 큰 두려움으로 주의 백성 이스라엘을 애굽 땅에서 인도하여 내시고 렘 32:21

   하나님은 그 손의 권능으로, 강하신 손으로, 강한 손과 편 팔로 이스라엘 백성을 애굽 땅에서 인도하여 내셨습니다. 우리는 성경을 읽다 '주의 손'이 나오면, 이스라엘 백성을 애굽에서 인도하여 내신 하나님을 묵상해야 합니다. 애굽의 장자가 재앙으로 죽는 날에 이스라엘 백성 가운데 단 한 사람에게도 그 재앙이 임하지 않도록 하신 하나님입니다. 열 가지 재앙을 통해 이스라엘 백성을 애굽 땅에서 인도하여 내신 하나님입니다. 성경은 이 모든 일을 종합하여 주의 손이 이루신 일이라고 함축합니다.

'주의 손'은 축약 버전입니다. 전체 버전은 주의 손의 권능, 주의 강한 손, 강한 손과 편 팔입니다. 주의 손은 하나님의 강한 능력과 동의어입니다. 하나님은 이스라엘을 그 손의 권능으로, 그의 강한 손으로, 그의 손과 편 팔로 구원하셨습니다. 우리의 구원도 마찬가지입니다. 우리의 구원도 주의 손으로 이루셨습니다. 이 깊은 진리를 깨달은 시편 기자는 주의 손을 자주 고백했습니다.

주의 오른손이 나를 붙들고 시 18:35

주의 손이 행하신 일로 말미암아 내가 높이 외치리이다 시 92:4

이것이 주의 손이 하신 일인 줄을 그들이 알게 하소서 시 109:27

주의 손이 나를 만들고 세우셨사오니 시 119:73

주의 손이 항상 나의 도움이 되게 하소서 시 119:173

내가 환난 중에 다닐지라도 주께서 나를 살아나게 하시고 주의 손을 펴사 내 원수들의 분노를 막으시며 주의 오른손이 나를 구원하시리이다 시 138:7

주의 손이 나를 인도하시며 주의 오른손이 나를 붙드시리이다 시 139:10

우리도 주의 손을 믿어야 합니다. 주의 손을 노래해야 합니다. 주의 손이 우리를 붙드십니다. 세상은 흔들려도 주의 손에 붙들린 우리는 흔들리지 않습니다. 주의 손이 우리를 위해 행하신 일이 있습니다. 주의 손이 지금도 행하십니다. 우리는 이것을 소리 높여 외쳐야 합니다. 주의 손이 우리를 만들고 우리를 세우셨습니다.

오늘 우리가 여기 있는 것은, 여기까지 올 수 있었던 것은 주의 손의 은혜입니다. 주의 손이 우리를 만드셨습니다. 주의 손이 우리를 세우셨습니다. 이것이 주의 손이 하신 일인 줄, 우리 곁에 있는 이들이 알아야 합니다. 우리 곁에 있는 이들이 주의 손이 우리와 함께하심을 알게 될 겁니다.

주의 손이 항상 우리의 도움입니다. 우리가 환난 중에 다닐지라도 주께서 주의 손을 펴서 우리 원수들의 분노를 막아 주시며 주의 오른손이 우리를 구원하실 겁니다. 우리가 어떤 상황, 어디 있더라도 거기서도 주의 손이 우리를 인도하시며 주의 오른손이 우리를 붙드십니다.

photo by Cho hyunsam

내비게이션과
보호막

　하나님이 이스라엘 백성을 애굽에서 인도해 내셨습니다. 하나님은 그들의 가이드를 자청하셨습니다. 그들이 어디로 가야 할지, 알지 못할 때 하나님은 친히 그들을 인도하셨습니다.

　패키지 여행엔 가이드가 동행합니다. 공항에서 가이드를 만나 인사를 나누고 여행 기간 내내 함께합니다. 유명 관광지에는 여러 팀이 한꺼번에 몰립니다. 그럴 때면 정신을 바짝 차리고 가이드가 들고 있는 깃발이나 양산을 따라가야 길을 잃지 않을 수 있습니다. 그래야 남의 차를 타는 일도 없습니다.

　하나님은 깃발이나 양산 대신 낮에는 구름기둥, 밤에는 불기둥으로 이스라엘 백성을 인도하셨습니다. 이 두 기둥은 이스라엘 백성 앞에서 떠나지 않았습니다. 하나님이 이스라엘 백성을 인도하실 때 쓰신 구름기둥과 불기둥은 두 가지 기능이 있습니다. 하나는 신호등이 달린 내비게이션, 또 하나는 보호막입니다.

구름기둥과 불기둥의 역할은 ¹내비게이션입니다. 이스라엘 백성은 어느 방향으로 가야 하는지, 진행해야 하는지, 멈춰야 하는지를 구름기둥과 불기둥을 통해 알았습니다. 이스라엘 백성을 구름기둥과 불기둥으로 인도하신 하나님이 지금 우리를 인도하고 계십니다. 구름기둥과 불기둥은 내비게이션처럼 방향을 알려 주고, 신호등처럼 멈출 때와 나아갈 때를 알려 주는 하나님의 인도였습니다.

지금은 성경이 구름기둥과 불기둥입니다. 우리는 하나님의 말씀인 성경을 통해 하나님의 인도를 받습니다. 인생을 살다 보면, 정말 어느 길로 가야 할지 모를 때가 많습니다. 여러 사람이 서로 이것이 길이라고 할 때면 혼란은 가중됩니다.

그러나 우리에게는 구름기둥이 있고 불기둥이 있습니다. 우리는 언제 어느 때에도 하나님의 말씀을 따라갑니다. 하나님의 말씀이 가라고 하면 갑니다. 멈추라고 하면 멈춥니다. 시편 기자가 한 "주의 말씀은 내 발의 등이요 내 길에 빛이니이다"시 119:105라는 고백은 또한 우리의 고백입니다.

photo by Choi kyuhwan

성령이 오늘 우리의 구름기둥과 불기둥입니다. 성령이 지금 우리 안에 내주하고 계십니다. 성령이 우리 안에서 우리가 가야 할 방향을 알려 주십니다. 우리가 언제 멈춰야 하고 언제 진행해야 할지를 안내해 주십니다. 성령을 따라가는 것은 구름기둥과 불기둥을 따라가는 것입니다.

구름기둥과 불기둥의 또 하나의 역할은 보호막입니다. 광야는 낮과 밤의 일교차가 심합니다. 낮에는 덥고 밤에는 춥습니다. 습도가 높지 않아 그런지, 낮에 뜨거워도 구름 아래 들어가면 시원합니다. 하나님은 뙤약볕 아래 있는 이스라엘 백성을 구름기둥으로 보호하셨습니다.

광야는 그늘이 없습니다. 나무가 우거진 숲이 있는 것도 아닙니다. 광야는 사막이라고 생각하면 이해하기 쉽습니다. 한낮에도 이스라엘 백성들은 그 광야를 걸어야 했습니다. 하나님은 그들이 더위 먹지 않도록 구름으로 덮어 주셨습니다. 구름기둥은 하늘 에어컨입니다. 광야는 밤에 춥습니다. 이스라엘 백성이 광야에서 얼어 죽지 않도록 하나님은 불기둥으로 그들을 보호하셨습니다. 불기둥은 하늘 히터입니다. 구름기둥은 주간용 보호막, 불기둥은 야간용 보호막입니다.

하나님은 우리를 인도하실 뿐 아니라 우리를 보호하십니다. 하나님의 말씀대로 하는 것이 올바른 방향으로 가는 길인 동시에 가장 안전한 길입니다. 하나님의 말씀대로 하면 쉴 만한 물가에 이르고 푸른 초장에 다다릅니다.

또한 성령의 인도를 받으면 행복합니다. 안전합니다. 성령의 인도를 받는다는 것을 다른 말로 하면 성령의 간섭을 받는 것입니다. 간섭은 불편하다는 선입견이 있는데, 지혜자의 간섭이나 성령의 간섭은 받으면 좋습니다. 받으면 삽니다. 받으면 행복합니다. 좋은 간섭도 처음에는 불편할 수 있습니다. 그러나 그 간섭 안에 보호가 들어 있는 것을 알면, 성령의 간섭 맛을 보면, 자원하여 성령의 간섭을 구합니다. 성령의 간섭, 정말 좋습니다.

구름기둥과 불기둥을 따라가면, 후회하지 않는 인생이 우리 인생이 됩니다. 구름기둥과 불기둥을 따라가면 하나님이 준비하신 아름다운 땅에 이릅니다.

홍해대전,
하나님이 대신 싸우시다

photo by Cho hyunsam

02

당신의 인생 이름은 무엇입니까
도무지 길이 보이지 않을 때
바다 밑에 길을 내시다
선물 받은 이름, 홍해대전
경험 폴더를 추억으로 채우기
모세의 노래
인생은 네이밍입니다
인생길에서 마라를 만났을 때
명함을 내미시는 하나님
하나님께 받아 사는 인생
디테일한 순종
완주를 위한 솔루션
출애굽 여정과 인생길이 많이 닮았습니다
우리는 지금 여호수아를 키우고 있습니다
손 들면 이깁니다

당신의
인생 이름은
무엇입니까

───

애굽을 출발한 이스라엘 백성이 하나님의 인도를 받아 홍해 앞, 바닷가에 장막을 쳤습니다. 이것이 애굽 사람의 눈에는 광야에 갇힌 것으로 보였습니다. 이 정보를 입수한 바로와 그의 신하들은 마음이 변하여 애굽의 모든 병거를 동원해 추격했습니다. 이스라엘 백성이 애굽의 군대를 보고 심히 두려워하여 여호와께 부르짖었습니다.

잘했습니다. 정답입니다. 두려울 때, 그때는 하나님께 부르짖어야 합니다. 하나님께 부르짖으면 하나님이 하십니다. 크고 놀라운 일을 하나님이 이루십니다.

이스라엘 백성들은 이 상황 시험지에 정답을 썼습니다. 정답을 썼으면, 더는 손대지 말아야 합니다. 그런데 안타깝게도 이스라엘 백성은 정답을 써 놓고 또 답을 찾았습니다. 길을 찾아 놓고 또 다른 길을 찾았습니다. 그들은 또 모세에게 "애굽에 매장지가 없어서 당신이 우리를 이끌어 내어 이 광야에서 죽게 하느냐"며 "어찌하여 당신이 우리를 애굽에서 이끌어 내어 우리에게 이같이 하느냐"출 14:11고 원망했습니다.

너무나 안타까운 대목입니다. 이들은 하나님께 부르짖는 정답과 함께 모세를 원망하는 오답을 적어 냈습니다. 정답과 오답을 함께 쓰면 오답 처리가 됩니다. 하나님을 섬기는 것은 정답입니다. 그러나 하나님과 재물을 겸하여 섬기면 오답입니다. 이스라엘 백성은 하나만 해야 했습니다. 여호와께 부르짖는 그 하나만 해야 했습니다. 우리 하나만 해요.

모세가 이때, 따끔하게 이스라엘 백성을 꾸짖어야 했습니다. 그러나 모세는 그렇게 하지 않았습니다. 자기가 관련되어 있어 그랬는지 모릅니다. 이스라엘 백성이 아론을 원망했다면, 모세는 좀 더 쉽게 이스라엘 백성을 꾸짖었을지 모릅니다. 그들이 자기에게 원망한 것이다 보니, 원망하지 말라고 하기가 어려웠나 봅니다. 모세는 이스라엘 백성을 꾸짖는 과정을 생략한 채로 하나님이 하실 일을 그들에게 전했습니다.

여호와께서 너희를 위하여 싸우시리니 너희는 가만히 있을지니라

출 14:14

"여호와께서 오늘 너희를 위하여 행하시리라!"
"여호와께서 너희를 위하여 싸우시리라!"

언제 들어도, 어떤 상황에 읽어도 힘이 되는 말씀입니다. 이 말씀 후에 어떤 일이 일어났는지 우리는 압니다. 하나님은 홍해를 가르시고 바다 밑으로 길을 내서서 이스라엘 백성을 그 가운데로 건너가게 하셨습니다. 놀라운 일입니다. 문제는 이것이 기도했더니 이루어진 일인지, 원망했더니 이루어진 일인지가 헷갈렸습니다. 그들이 기도만 했다면, 기도했더니 하나님이 바다를 가르시고 그 가운데로 지나게 하셨다고 폐부에 새길 텐데⋯. 그들은 기도와 원망, 둘 다 한 상태라 이게 기도 응답인지 원망 결과인지 헷갈린 겁니다.

안타깝게도 이스라엘 백성은 이 과정을 통해 '기도하면 되더라'가 아니라 '원망하면 되더라'를 학습한 것 같습니다. 이 일 후에 이스라엘 백성들의 태도를 보면, 이런 생각이 듭니다. 이 일 후에 그들이 원망하니 떡이 생기고, 원망하니 물이 생기고, 원망하니 고기가 생기는 일이 이어집니다. 광야의 이스라엘 백성을 생각하면 가장 먼저 떠오르는 연관어가 원망입니다. 원망 맛을 본 그들의 인생은 그만 원망 인생이 되고 말았습니다. 모든 문제를 원망으로 푸는 인생, 그 결과는 좋지 않았습니다. 원망으로 얻은 떡을 먹고 물을 마시고 고기를 먹었지만, 그들은 그것을 먹고 광야에서 죽었습니다.

photo by Cho hyunsam

원망해도 떡이 생기고 기도해도 떡이 생깁니다. 중요한 것은 원망의 떡은 먹으면 죽고, 기도의 떡은 먹으면 삽니다.

원망 인생의 끝을 우리는 보았습니다. 그것을 보여 주신 하나님의 뜻은 그 인생처럼 살지 말라는 겁니다. 사람들이 우리를 생각할 때 가장 먼저 떠오르는 단어는 기도, 감사면 좋겠습니다. 그것이 우리 인생의 이름입니다.

도무지 길이 보이지 않을 때

애굽을 나온 이스라엘 백성은 앞에는 바다, 뒤에는 애굽 군대 사이에 갇혔습니다. 두려워하는 이스라엘 백성을 향해 모세는 이렇게 외쳤습니다.

> 너희는 두려워하지 말고 가만히 서서 여호와께서 오늘 너희를 위하여 행하시는 구원을 보라 너희가 오늘 본 애굽 사람을 영원히 다시 보지 아니하리라 여호와께서 너희를 위하여 싸우시리니 너희는 가만히 있을지니라 출 14:13-14

살다 보면 우리도 이스라엘 백성과 같은 상황을 맞을 때가 있습니다. 길이 보이지 않고, 길이 없을 때가 있습니다.

photo by Cho hyunsam

어린아이 시절에도 우리는 이런 경험을 했습니다. 놀랍게도 도무지 길이 없고 방법이 없는 일인데, 어른에게 이야기하는 순간 길이 생기는 겁니다. 그래서 생긴 말이 "혼자 고민하지 말고 어른에게 말해" 같습니다.

어린아이 시절, 우리는 어른이 되면 모든 것을 다 할 수 있을 줄 알았습니다. 그러나 어른이 되어 그렇지 않다는 걸 알았습니다. 인생을 산 날이 늘면서, 사람이 할 수 있는 일이 많지 않은 걸 더 많이 절감하는 것 같습니다. 마음만 먹으면, 사람의 마음을 돌려놓을 수 있다고 생각했던 때도 있습니다. 그러나 여러 과정을 거쳐 한 사람의 마음도 돌릴 수 없다는 걸 알아갑니다.

어른이 되었지만, 도무지 길이 보이지 않을 때가 있습니다. 어쩌면 지금이 그런 상황일 수도 있습니다. 사람들이 사면초가란 말을 자주 씁니다. 이런 우리에게, 하나님이 모세를 통해 이스라엘 백성에게 주신 이 말씀이 필요합니다.

> 너희는 두려워하지 말고 가만히 서서 여호와께서 오늘 너희를 위하여 행하시는 구원을 보라 출 14:13

우리는 우리 곁에 두려워하는 이들에게 믿음으로 말해 줘야 합니다. 또한 우리 자신을 향해 힘줘 이렇게 말해야 합니다. "내 영혼아, 여호와께서 너를 위하여 싸우시리니 너는 가만히 있을지어다." 우리는 이 말로 서로를 위로하고, 서로를 안심시켜야 합니다. 하나님을 믿고 믿음으로 선포한 모세의 말을 하나님이 들으시고 이스라엘 백성 가운데 행하신 것처럼 하나님이 하실 것입니다.

하나님은 모세가 믿음으로 이스라엘 백성에게 한 말을 들으시고 그 말대로 하셨습니다. 하나님은 그들을 그 가운데서 구원하셨습니다. 하나님은 그들을 위해 애굽 군대와 싸우셨습니다. 애굽 사람들이 이스라엘 백성을 잡으러 하나님이 바다 밑으로 내신 길로 쫓아왔지만, 그들은 뜻을 이루지 못하고 그 바다에 수장되었습니다.

애굽 군대는 "이스라엘 앞에서 우리가 도망하자 여호와가 그들을 위하여 싸워 애굽 사람들을 치는도다"출 14:25라고 실토했습니다. 하나님이 이스라엘 백성을 위해 일하시는 것을, 하나님이 이스라엘 백성을 위해 싸우시는 것을 이스라엘 백성을 괴롭히던 애굽 사람들이 보고 알았습니다. 그들이 알 날이 있습니다. 하나님이 우리를 위해 일하시고, 우리를 위해 싸우시는 것을 그들이 알 날이 반드시 옵니다.

모세가 이스라엘 백성에게 한 말의 요지는 "하나님이 하셔"입니다.
우리도 입을 열어 곁에 있는 사람들에게 말해 줘야 합니다.

"하나님이 하실 거니 두려워 마."
"하나님이 너를 위해 하시는 일을 우리 같이 보자."

하나님이 지금 우리를 위해 일하시고, 우리를 위해 싸우십니다.

우리에게 필요한 것은 믿음입니다. 이렇게 하시는 하나님을 믿는 믿음입니다. 이 믿음이 우리를 안심시킵니다. 오늘 우리가 누리는 평안의 근거 역시 이것입니다. 하나님은 지금 우리를 위해, 우리교회를 위해, 우리 회사를 위해, 우리나라를 위해, 세계를 위해 일하십니다. 이것을 믿을 때, 우리는 길이 없는 바다 앞에서도 두려워하지 않을 수 있습니다. 애굽의 군대가 우리를 치려고 해도 담대할 수 있습니다. 하나님이 하십니다.

바다 밑에
길을
내시다

앞은 홍해, 뒤는 애굽 군대인 그 상황에 모세는 하나님께 부르짖었지요. 그런데 하나님은 모세에게 "너는 어찌하여 내게 부르짖느냐"고 하셨습니다. 이 상황에 하나님께 부르짖지 누구에게 부르짖을까. 성경을 통해 "너는 내게 부르짖으라"고 하신 분이 하나님입니다. 이러신 하나님이 모세에게 너는 어찌하여 내게 부르짖느냐고 하시니, 순간 당황이 됩니다. 모세가 기도하다 야단맞은 것 같아서 그렇습니다. 성경에 기도하지 않아 야단맞은 경우는 많이 나옵니다. 기도를 빼서 일이 틀어진 경우도 많습니다. 하지만 기도하다 야단맞은 경우는 흔하지 않습니다.

이 말씀의 의미는 너는 어찌하여 내게 부르짖기만 하느냐입니다. 이 말씀은 겉은 야단이고 속은 격려입니다. 이 말씀 후에 하나님은 모세에게 이스라엘 자손에게 명령하여 앞으로 나아가게 하라고 하셨습니다. 모세에게는 지팡이를 들고 손을 바다 위로 내밀어 그것이 갈라지게 하라고 하셨습니다. 이것은 움직이라는 것입니다. 하나님의 메시지는 명료합니다. 기도했으면, 움직이라. 기도한 대로 행하라.

우리는 기도합니다. 그러나 기도만 해서는 안 됩니다. 기도했으면, 행동해야 합니다. 하나님께 지혜와 지식을 달라고 기도했으면, 공부해야 합니다. 하나님께 재물을 구했으면, 나가서 성실히 일해야 합니다. 배우자를 구했으면, 이성을 만나고 교제해야 합니다. 거룩하고 순결하게 살게 해 달라고 기도했으면, 그 삶을 살러 세상으로 가야 합니다. 수많은 영혼이 주께 돌아오기를 기도했으면, 나가 전도해야 합니다.

하나님은 이스라엘 백성에게 앞으로 나아가라고 하셨습니다. 뒤가 아니라 앞으로. 뒤는 애굽으로 돌아가는 길입니다. 하나님은 이 하나를 하라고 하셨습니다. 그들은 말씀대로 앞으로 나아갔습니다. 앞이 바다지만, 길이 없지만, 이스라엘 백성은 하나님을 믿고 앞으로 나아갔습니다. 이것이 그들이 한 일의 전부입니다.

하나님은 모세에게 지팡이를 들고 손을 바다 위로 내밀라고 하셨습니다. 그는 이렇게 했습니다. 이것이 그가 한 일의 전부입니다. 그런데 바다가 갈라졌습니다. 하나님이 하셨습니다.

그들의 순종을 보시고, 하나님이 그들을 위해 일하셨습니다. 하나님은 동풍을 강하게 불게 하셨습니다. 바닷물이 물러가도록 하나님은 밤새워 일하셨습니다. 하나님은 바다 밑으로 길을 내셨습니다. 하나님은 그 길 좌우로 물벽을 세우시고 그 물벽을 이스라엘 백성이 다 지나가도록 붙잡고 계셨습니다. 하나님은 이스라엘 백성을 따라 바다 밑으로 난 길로 들어온 애굽 군대를 어지럽게 하셨습니다. 하나님은 애굽 병거의 바퀴를 벗기셨습니다. 하나님은 그들을 그 바다에 수장시키셨습니다. 하나님이 다 하셨습니다.

이스라엘 백성이 한 것은 작은 일입니다. 모세가 한 일도 마찬가지입니다. 이스라엘 백성과 모세가 한 일은 그들이 할 수 있는 일입니다. 앞으로 나아가는 것은 이스라엘 백성이 할 수 있는 일입니다. 우리도 할 수 있는 일입니다. 지팡이를 들고 손을 바다 위로 내미는 일은 모세가 할 수 있는 일입니다. 우리도 할 수 있는 일입니다.

그러나 바다 밑으로 길을 내는 것은 우리가 할 수 없는 일입니다. 애굽 군대를 그 바다에 수장시키는 일은 우리가 할 수 없는 일입니다. 하나님은 우리에게 우리가 할 수 있는 작은 일을 하라고 하십니다. 그 일이 순종입니다. 그 일이 말씀대로 하는 것입니다. 이 작은 일을 하는 우리를 위해 하나님은 크고 놀라운 일을 이루십니다.

하나님은 우리에게 말씀하십니다. "남편에게 순종하라. 아내를 괴롭게 하지 말고 귀히 여기라. 자녀를 주의 교양과 훈계로 양육하라. 부모를 공경하라. 네 이웃을 네 몸과 같이 사랑하라. 원수 갚는 것은 내게 맡기고 원수를 사랑하라. 정직하라. 순결하라. 성실하라. 거룩하라"고 하십니다. 하나님은 우리가 할 수 있는 일을 하라고 하십니다. 우리가 이 일을 할 때, 하나님은 바다를 가르시고 바다 밑으로 길을 내십니다.

선물 받은 이름, 홍해대전

주일마다 낮 예배 시간에 출애굽기를 강해하고 있습니다. 하나님이 마음 주시는 만큼, 설교 후에 그 내용을 우리교회 전도주보에 실을 글로 써서 교회 홈페이지에 올리고 있습니다. 한 설교에서 글 하나가 나오기도 하고 많을 때는 글 세 개가 나오기도 합니다.

이스라엘 백성이 애굽을 출발해 홍해 앞에 선 대목에서 글이 여러 개 나왔습니다. 이 글을 쓸 때, 글마다 하나님이 홍해에서 하신 일을 설명해야 했습니다. 이 칼럼이 매주 발행하는 우리교회 전도주보에 실립니다. 칼럼 지면의 특성상, 해당 칼럼만 읽는 이들이 있어서 그 글을 처음 읽는 이들을 배려해야 합니다. 같은 설명을 계속하다, 이것을 담을 이름이 있으면 좋겠다는 생각이 들었습니다.

이스라엘 백성은 홍해 밑으로 하나님이 내신 길을 건너가 살고, 애굽 군대는 그 바다에 수장된 이 역사를 담을 이름 하나를 하나님께 구하며 글을 쓰다 보니, 날짜가 28일에서 29일로 바뀌었습니다. 2025년 1월 29일 새벽 1시경, 이름을 받았습니다.

　홍해대전!

　제 마음속에서 떠오른 생각은 아닙니다. 구하는 자에게 주신 하나님의 선물입니다. 홍해대전은 한문으로 쓸 때, '대'자를 어느 글자로 하느냐에 따라 그 의미가 달라집니다. 큰 대大자를 쓰면, 우리가 잘 아는 제2차 세계대전 같이 여러 나라가 참전한 큰 전쟁이란 의미가 됩니다. 홍해대전의 대는 대신할 대代입니다. 하나님이 이스라엘 백성을 대신해 애굽 군대와 싸우신 전쟁이란 의미입니다. 하나님이 모세를 통해 하신 "여호와께서 너희를 위하여 싸우시리니 너희는 가만히 있을지니라"출 14:14에 근거해 대신할 대代, 싸울 전戰을 썼습니다.

　처음에는 '홍해 대전'이라고 띄어 썼습니다. 그러다 29일 오전 성경지리연수를 위해 인천공항으로 가는 차 안에서 붙여쓰기로 하고, 김성권 목사님에게 교회 홈페이지 글을 홍해대전으로 붙여 달라고 했습니다. 홍해대전이 표준국어대사전 표제어가 되기를 소망하며 이렇게 했습니다. 이 이름을 선물 받은 제가 뜻풀이도 합니다.

홍해대전은 하나님이 이스라엘 백성을 출애굽시키실 때, 홍해에서 이스라엘 백성을 대신해 애굽 군대와 싸워 승리하신 전쟁을 지칭한다. 이 전쟁에서 하나님은 홍해를 가르시고 바다 밑으로 길을 내셔서 이스라엘 백성을 그 가운데로 통과시켜 살리시고, 그 길로 이스라엘 백성을 추격한 애굽 군대는 바다에 수장시키셨다. 홍해대전을 통해 애굽의 바로를 비롯한 모두가 하나님이 여호와이신 줄 알게 되었다. 홍해대전으로 주변 여러 나라, 곧 블레셋과 에돔과 모압과 가나안 두령과 주민들이 두려움에 떨고 크게 낙담하였다.

내 인생의 홍해대전, 이것은 인천공항으로 향하는 차에서 마음에 들어온 카피입니다. 이어 들어온 또 한 카피는 "내 인생의 홍해대전을 기억하라"입니다. 내 인생의 홍해대전, 우리교회 홍해대전, 우리나라 홍해대전이 있습니다. 살다 보면 우리의 인생이 흔들릴 때, 나라가 흔들릴 때, 회사가 흔들릴 때가 있습니다. 그때 우리는 인생의 홍해대전을 기억해야 합니다. 그때 그 홍해대전처럼 이번에도 하나님이 그렇게 하실 것을 우리는 믿습니다.

경험 폴더를
추억으로
채우기

우리는 살면서 이런저런 일을 겪습니다. 경험을 합니다. 그 경험들이 우리 안에 쌓입니다. 우리 마음 안을 컴퓨터에 비유하면, 살면서 우리가 한 경험을 저장하는 폴더가 마음 서버에 있습니다. 우리 안에 축적된 경험은 삶에 지대한 영향을 미칩니다. 좋은 경험을 많이 해야 합니다. 좋은 경험은 양약과 같습니다. 이것은 힘들 때 힘이 되고 넘어졌을 때 지팡이가 됩니다.

이스라엘 백성은 출애굽 과정에서 하나님이 바다 밑으로 내주신 길을 통과하는 경험을 했습니다. 그들은 물벽이 좌우에 서 있는 길을 걷는 기이한 경험도 했습니다. 이스라엘 백성은 홍해대전紅海大戰을 참관했습니다. 하나님이 자기를 대신해 싸우시는 전쟁을 눈으로 보았습니다. 자기

들은 살고 애굽 군대는 수장되는 경험도 했습니다. 그들은 믿음의 경험, 신앙 체험을 했습니다. 모세는 이것을 "이스라엘이 여호와께서 애굽 사람들에게 행하신 그 큰 능력을 보았으므로 백성이 여호와를 경외하며 여호와와 그의 종 모세를 믿었더라"출 14:31라고 적었습니다. 경험은 그들의 믿음에 영향을 미쳤습니다.

우리 인생 가운데도 믿음의 경험, 신앙의 체험이 있습니다. 하나님이 우리를 위해 일하시는 것을 보는 경험, 하나님이 말씀하신 것을 하나님이 지키시는 경험, 하나님께 믿고 맡기면 하나님이 하시는 경험, 하나님이 우리를 대신해서 싸우시는 경험, 곧 홍해대전이 우리 경험 폴더에 켜켜이 쌓여 있습니다.

photo by Cho hyunsam

우리가 겪고 있는 일이나 느끼는 감정은 일정 시간이 지나면 경험 폴더로 옮겨집니다. 경험 폴더에는 하위 폴더가 둘 있습니다. 좋은 경험 폴더와 좋지 않은 경험 폴더입니다. 좋은 경험 폴더 안에 있는 것들은 추억이 되고, 좋지 않은 경험 폴더 안에 있는 것들은 상처가 됩니다. 추억은 감사가 되고 상처는 트라우마가 됩니다.

우리는 살면서 때때로 경험 폴더를 엽니다. 좋은 경험 폴더 안에 있는 것을 꺼내 먹으며 추억에 잠기기도 합니다. 입가에 미소를 짓고 그때 그 일을 생각하며 행복해합니다. 때로 좋지 않은 경험 폴더 안에 있는 것을 꺼내 분노하며 치를 떨고 복수를 다짐하기도 합니다. 이러다 두려움에 휩싸여 방에서 방으로 숨어 버리기도 합니다.

일반적으로 추억은 그 인생을 아름답게 하고 상처와 트라우마는 그 삶을 불행하게 합니다. 보편적으로 추억은 인생의 순풍이고 트라우마는 삶의 역풍입니다. 그러나 이 둘이 모든 사람에게 항상 이런 것은 아닙니다. 좋은 경험 폴더 속 추억에 붙들려 힘들고 어려운 현실을 헤쳐 나갈 생각을 하지 못하고 스러지는 인생도 있습니다. 반대로, 좋지 않은 경험 폴더 안에 있는 것들을 꺼내 좋은 경험 폴더로 옮겨 놓고 행복하게 사는 사람도 있습니다.

제가 『너를 도우리라』(생명의말씀사, 2012)를 쓰면서, 경험은 재해석하라고 힘줘 말했습니다. 우리 안에 상처나 트라우마로 남아 있는 것 중에도 재해석을 하면 추억이 되는 것이 있습니다. 우리는 트라우마를 추억으로 옮길 수 있습니다.

부모에게 상처를 받았다는 이들이 많습니다. 저는 그들에게 그 상처를 재해석해 볼 것을 권합니다. 열다섯 살 때 겪은 일을, 열다섯 살 우리는 그 나이 때 우리 지식으로 해석해 상처 폴더에 담았습니다. 마흔다섯 살인 지금, 그때 그 일은 마흔다섯 살 관점과 지식으로 재해석해야 합니다. 그러면 그때는 이해할 수 없던 것이 지금은 이해가 되는 일이 있습니다. 재해석 과정을 거치면, 트라우마가 추억이 될 수 있습니다.

인생은 해석과 재해석이 필요합니다. 현재는 해석이 필요하고, 과거는 재해석이 필요합니다. 좋은 경험은 좋은 경험을 쌓습니다. 좋은 경험을 많이 하는 것은 좋은 경험을 쌓는 기본입니다. 또한 해석과 재해석을 잘하면 좋은 경험 폴더에 추억이 쌓입니다. 쌓인 좋은 경험은 오늘을 해석하는 데이터가 됩니다. 쌓인 좋은 경험으로 오늘을 해석하면, 오늘도 좋은 날입니다.

모세의 노래

───

홍해대전 후에 모세는 무엇을 했을까. 이스라엘 백성은 무엇을 했을까. 성경에 그 답이 나와 있습니다. 모세는 성경에 "이때에 모세와 이스라엘 자손이 이 노래로 여호와께 노래했다"며 그들이 부른 노래 가사를 적어 놓았습니다. 모세와 이스라엘 백성은 자기들을 위해 일하신 하나님, 자기들을 위해 싸우신 하나님을 노래했습니다. 노래라는 단어 안에는 목소리와 악기가 다 들어 있습니다.

이 장면에서 격세지감隔世之感을 느낍니다. 얼마 전만 해도 이스라엘 백성의 입에선 탄식이 나왔습니다. 하나님이 저들의 탄식을 들으셨습니다. 일부러 하려 한 것이 아닌데, 입을 열면 탄식이 나왔습니다. 그들이 처한 상황이 그랬습니다. 인격적인 대우를 받지 못한 정도가 아니라 인간의 존엄성마저 무너진 삶이었습니다. 갓 태어난 자기 아들을 자기 손으로 죽여야 하는 그들이었습니다.

이게 얼마 전 일입니다. 그런데 지금 그들은 노래하고 있습니다. 하나님이 그들에게 노래할 날을 주셨습니다. 고난 한가운데 있다면, 우리는 노래할 날이 도래할 것을 믿고 참고 견뎌야 합니다. 때가 되면 하나님이 노래하게 하십니다.

모세가 부른 이 노래는 성경에 기록된 것을 기준으로 사람이 하나님께 부른 첫 번째 노래입니다. 창세기에 라반이 가족을 데리고 몰래 귀향길에 오른 야곱을 쫓아와서 네가 간다고 말했으면 내가 즐거움과 노래와 북과 수금으로 너를 보낼 텐데 왜 이렇게 하였느냐고 마음에도 없는 말로 힐난할 때 노래가 한 번 나옵니다.

모세가 하나님께 드린 노래의 첫 줄은 "하나님은 높고 영화로우시다"입니다. 모세는 하나님을 높였습니다. 찬양의 두 번째 줄은 "애굽의 말과 그 탄 자를 바다에 던지셨음이로다"입니다. 모세는 하나님이 하신 일을 하나님이 하셨다고 말했습니다.

찬송의 세 번째 줄은 조금 깁니다. "여호와는 나의 힘이시다. 여호와는 나의 노래이시다. 여호와는 나의 구원이시다. 여호와는 나의 하나님이시다. 여호와는 내 아버지의 하나님이시다." 모세는 자신과 하나님이 어떤 관계인지 노래했습니다.

photo by Cho hyunsam

　노래에는 반복이 있습니다. 모세는 다시 하나님이 하신 일을 노래했습니다. 그 도입부가 "여호와는 용사시다"입니다. 모세는 자신이 경험한 하나님을 용사라고 노래했습니다. 하나님은 전쟁에 능하신 분이라는 의미입니다. 모세는 하나님의 전술과 전략에 탄복했습니다.

　이스라엘 백성이 바닷가에 진을 친 것은 애굽 군대를 유인하기 위한 전략이었습니다. 애굽 왕은 이것을 이스라엘 백성이 광야에 갇힌 것으로 판단하고 출동 명령을 내렸습니다. 애굽의 군대가 이스라엘 진영 가까이 이르렀을 때, 하나님은 구름기둥을 뒤로 이동시키시고 홍해를 가르셨습니다. 하나님은 바다 밑에 길을 만드시고 이스라엘 백성을 그 가운데로 건너게 하셨습니다.

하나님은 이 장면을 애굽 군대로 보게 하셨습니다. 만약, 애굽 군대가 이 장면을 보지 못했다면, 그들은 바다 가운데로 난 길로 이스라엘을 추격하지 않았을 것입니다. 그러나 보았기에 애굽 군대는 망설이지 않고 그 길로 진격했습니다. 이스라엘 백성이 뭍에 이를 때, 물벽은 무너졌습니다. 하나님은 애굽 군대를 일거에 그 바다에 수장시키셨습니다. 모세는 이것을 하나님이 하셨다며 이렇게 노래했습니다.

> 그가 바로의 병거와 그의 군대를 바다에 던지시니 최고의 지휘관들이 홍해에 잠겼고 깊은 물이 그들을 덮으니 그들이 돌처럼 깊음 속에 가라앉았도다 출 15:4-5

그는 주의 오른손이 권능으로 이 일을 하셨다고 노래했습니다. 하나님이 하신 일을, 하나님의 승리를 노래했습니다.

인생은
네이밍입니다

네이밍naming, 우리말 중에는 명명命名이 이 단어의 의미를 가장 잘 담고 있습니다. 명명을 표준국어대사전은 "사람, 사물, 사건 등의 대상에 이름을 지어 붙임"이라고 정의합니다.

우리 인생에 네이밍은 깊숙하게 들어와 있습니다. 우리의 인지 여부와 상관없이 우리는 지금까지 계속 네이밍했습니다. 깨닫고 하는 말입니다. 인생과 네이밍은 함께 갑니다. 인생 네이밍.

우리는 날마다 새로운 하루를 받습니다. 오늘 우리가 살아 있다면, 우리는 오늘을 하나님께 받은 겁니다. 이날은 그 여느 날과도 같지 않은 새로운 날입니다. 저는 하루를 받으면, 그 하루에 이름을 지어 붙입니다.

제 설교를 듣는 성도들은 다 아는 일이지만, 주일 설교 전에 성도들과 함께 그날의 이름을 지어 부릅니다. "오늘은 좋은 날입니다. 오늘은 아름다운 날입니다. 오늘은 멋진 날입니다." 제가 선창하고 성도들이 후창합니다. 하루의 이름을 지어 부를 때, 그 안에 믿음도 담고 소원도 담습니다. 주일마다 이렇게 하는 것은, 주일만이 아니라 날마다 새로 받은 하루를 네이밍하는 우리 성도들이 되기를 바라서입니다.

이스라엘 백성이 홍해를 건너 수르광야로 사흘을 걸었는데, 물을 얻지 못했습니다. 그러다 한 곳에 이르러 물을 발견했습니다. 얼마나 반가웠을까요. 그런데, 그 물이 써서 먹을 수 없었습니다. 이스라엘 백성은 그곳을 마라라고 네이밍했습니다.

툭하고 나온 네이밍입니다. 말은 맞습니다. 물이 쓰니 그 땅을 쓰다고 한 겁니다. 상황이나 환경에 맞게 네이밍하기는 했는데, 이 네이밍 안에는 하나님에 대한 믿음이나 소원은 없습니다. 하나님이 하실 일이 마라 안에는 없습니다.

성경에는 큰 산을 만나 그 큰 산을 '평지'라고 네이밍한 사람이 있습니다. "네가 내 앞에서 평지가 되리라." 이 네이밍에는 믿음이 들어 있습니다. 이 네이밍 안에는 하나님이 큰 산을 평지로 만들어 주실 것이라는 믿음과 큰 산을 평지로 만들어 달라는 소원이 들어 있습니다. 이 네이밍 안에는 하나님의 공간이 들어 있습니다.

같은 상황과 물건도 네이밍을 어떻게 하느냐에 따라 달리 보입니다. 언젠가 교역자 몇 명과 가죽 공방을 간 적이 있습니다. 만든 지 몇 년이 지난 색 바랜 가죽가방이 거기 있었습니다. 누군가는 이것을 두고 변색이라고 하는데, 공방 주인은 에이징이라고 했습니다. 그 가방을 변색된 가방이라고 할 때와 에이징한 가방이라고 할 때, 느낌이 달랐습니다. 그 것을 한 교역자가 샀습니다. 그가 사지 않았다면 제가 샀을 겁니다.

중앙일보에서 읽은 내용입니다. 실제 있었던 일인데, 그것을 어느 드라마에서 재연해 시선을 끌었다며 소개했습니다. 아파트 앞에서 딸기 트럭 장사를 하는 엄마를 찾아온 딸은 딸기 박스 앞에 붙은 '딸기 떨이'라는 문구가 마음에 들지 않았답니다. 딸은 "올해 마지막 딸기"로 문구를 바꾼 후 자리를 떠났는데, 이후 딸기 트럭에는 "올해 딸기 별로 못 먹었는데"라며 손님들이 몰려들었답니다.

결혼하면서 주변에서 친구나 선배가 한 말을 듣고 생각 없이 "나도 이제 고생길 열렸네"라고 자신의 결혼생활을 네이밍하는 일은 없어야 합니다. 물론 "좋은 시절 다 갔다"고 네이밍하는 일도 없어야 합니다. 좋은 시절 다 갔으면, 이제 결혼 후에 남은 일은 뭔가요. 우리교회 표어 중에 "장로님이 있어 행복한 교회"가 있습니다. 우리교회가 처음 장로님을 세울 때 한 네이밍입니다. 장로님을 세운 지 20년이 훌쩍 지났습니다. 우리는 오늘도 장로님이 있어 행복한 교회를 다니고 있습니다.

photo by Cho hyunsam

아가서는 "나의 사랑 나의 어여쁜 자"라고 배우자를 네이밍하고 그렇게 부릅니다. 여호와 이레, 아브라함이 한 네이밍입니다. 여호와 닛시, 모세가 한 네이밍입니다. 복 있는 사람, 예수님이 우리를 두고 하신 네이밍입니다. 이제 우리 차례입니다. 인생 네이밍부터 시작해 봐요.

인생길에서
마라를
만났을 때

　인생을 살다 보면, 큰 산을 만날 때도 있고 홍해를 만날 때도 있습니다. 이때 우리는 큰 산을 평지로 만드시는 하나님을 만나고 홍해대전의 수혜자가 되기도 합니다. 인생엔 큰 산과 홍해만 있는 것은 아닙니다. 마실 물이 없는 광야를 만날 때도 있습니다. 때로는 물은 있는데, 그만 그 물이 써서 먹을 수 없는 마라를 만날 때도 있습니다.

　광야, 물이 없는 것이 문제입니다. 마라, 물은 있으나 써서 먹을 수 없는 것이 문제입니다. 사람이 없는 것도 문제인데, 사람은 있는데 쓸 수 없는 문제도 있습니다. 일이 없는 것도 문제지만, 일은 있는데 그 일이 하기 싫은 문제도 있습니다. 결혼하지 못한 문제도 있지만, 결혼은 했는데 같이 사는 것이 힘든 문제도 있습니다. 우리 인생 가운데는 이런 경우

photo by Cho hyunsam

가 있습니다. 물이 없는 문제도, 물이 쓴 문제도 다 풀어야 합니다.

　문제를 만났을 때, 문제를 푸는 방식은 사람마다 다릅니다. 출애굽 과정에서 마라를 만난 이스라엘 백성은 원망으로 문제를 해결하려고 했습니다. 그들이 외운 문제 풀이 공식은 마치 "원망하면 풀린다" 같습니다. 이게 족보로 전해지기라도 했는지, 오늘도 너무나 많은 사람이 이 방식으로 문제를 풀려고 합니다.

　여기서, 잠깐. 이때는 홍해 기적 사흘 후입니다. 이건 좀 너무한 거 아닌가요. 어떻게 이렇게 큰 기적을 체험하고 사흘 만에 원망할 수 있느냐고 이스라엘 백성에게 뭐라고 하려다, 선뜻 그 말을 하지 못합니다. 이스라엘 백성과 우리 모습이 겹쳐 보여 그렇습니다. 주일에 은혜가 충만해 노래하며 춤추던 우리도 주일이 지나고 사흘 만에, 때로는 하루 만에 이스라엘 백성처럼 할 때가 있어 그렇습니다. 감사한 것은 하나님이 이런 이스라엘 백성을 포기하지 않으시는 것처럼 우리를 포기하지 않으신다는 거지요. 다시 일어나고 다시 회복할 수 있도록 기회를 주시니 그저 감사할 따름입니다.

　사람의 습관은 무섭습니다. 그 습관을 바꾼다는 것이 여간 어려운 일이 아닌 것 같습니다. 이스라엘 백성의 경우를 봐도 그렇습니다. 이들은 애굽에서 노예 생활을 했습니다. 이스라엘 백성이 처음부터 종살이한 것은 아니지만, 최소 80년 이상 종살이를 했습니다. 근성이란 말이 있지요. 오래되면 몸에 배는 것을 두고 하는 말입니다. 어쩌면 원망은 오랜 세월 종살이를 하면서 이스라엘 백성 몸에 밴 습관일 수 있습니다. 그들의 근성일 수 있습니다. 이제는 종이 아니라 자유인인데, 그럼에도 삶의 방식과 문제 해결 방식은 종일 때와 여전한 것 같아 안타깝습니다.

마라에서 원망하는 이스라엘 백성들 가운데 있었지만, 모세의 문제 해결 방식은 달랐습니다. 모세는 하나님께 부르짖었습니다. 모세는 문제 앞에서 기도했습니다. 모세는 기도로 문제를 풀었습니다.

기도하는 모세에게 하나님은 해결책을, 해결 방안을 알려 주셨습니다. 하나님은 모세에게 한 나무를 가리키셨습니다. 모세는 그 나무를 쓴 물에 던졌습니다. 모세는 하나님이 가르쳐 주시는 대로 했습니다. 물이 달게 되었습니다. 문제가 해결되었습니다. 먹을 수 없는 쓴 물이 맛있는 물이 되었습니다. 가기 싫은 회사가 가고 싶은 회사로 바뀌었습니다. 살고 싶지 않은 사람과 같이 살고 싶어졌습니다. 하기 싫은 일이 하고 싶은 일이 되었습니다.

이것이 정답입니다. 이것이 문제 풀이 정수입니다. 문제 해결 방식은 아주 단순합니다. "문제를 만나면 기도한다. 하나님이 가르쳐 주신 방법대로 한다." 이 단순한 방법이 답입니다.

기도로 문제를 푸는, 이 대목을 이스라엘 백성이 눈여겨봐야 했는데, 안타깝게도 그러질 못했습니다. 그들은 기도로 쓴 물이 단물이 된 걸 놓친 것 같습니다. 모세가 기도한 걸 못 본 것 같습니다. 자기들이 한 것만 생각하고, 원망했더니 쓴 물이 단물이 됐다고 생각한 것 같습니다.

물이 없는 문제도, 물이 쓴 문제도 기도로 풀어야 합니다. 다른 방법이 아니라, 하나님이 가르쳐 주신 대로 해야 합니다.

photo by Cho hyunsam

명함을
내미시는
하나님

성경에는 하나님의 명함이 여러 장 나옵니다. 같은 하나님을 소개하지만, 그때 그 상황에 맞춰 하나님이 명함을 내미실 때가 있습니다. 이제 막 출애굽해 가나안 땅으로 향하는 이스라엘 백성에게 하나님이 명함 하나를 내미셨습니다. 이스라엘 백성이 홍해를 건너 사흘 길을 가다 쓴 물을 만난 마라에서 있었던 일입니다. 하나님이 모세의 기도를 들으시고 쓴 물을 단물로 바꿔 주신 후, 거기서 여호와께서 그들을 위하여 법도와 율례를 정하셨습니다. 이 일과 더불어 하나님이 누구신지, 우리를 향한 하나님의 생각은 무엇인지를 일러 주셨습니다.

하나님이 마라에서 정하신 율례와 법도는 별도 언급이 없어, 알 수 없습니다. 하나님은 "내가 정한 법도와 율례는 너희를 위한 것이니 순종하라"고 하셨습니다. "나를 믿고 내 말을 따르라"고 하셨습니다. "나를 믿으라." 신앙입니다. "내 말에 순종하라." 생활입니다. 하나님은 이제 막 출애굽한 그들에게 하나님이 어떻게 하실 것인지 설명해 주셨습니다.

 하나님은 이스라엘 백성이 신앙생활을 하면, 애굽 사람에게 내린 모든 질병 중 하나도 이스라엘 백성에게 내리지 아니하겠다고 약속하셨습니다. 마라에서 하신 약속입니다. 여기서 살짝 당황할 수도 있을 것 같습니다. '하나님이 질병을 내리시나?' 하면서 말입니다. 네, 하나님이 벌로 병을 내리시는 경우가 있습니다. 징벌적 의미의 병이 여기 해당합니다. 애굽 사람에게 내리신 열 가지 재앙에 포함된 질병이 여기 해당합니다. 그렇다고 '모든 질병은 하나님의 벌'이라고 적용하는 우를 범하는 일은 없어야 합니다. 이것은 병의 다양한 원인 중 하나입니다.

 이스라엘 백성은 열 가지 재앙을 목도했습니다. 그러다 보니 하나님에 대해 두려워하는 마음이 컸을 겁니다. 하나님은 "신앙생활을 하는 너희에게는 내가 벌로 병을 내리는 일은 하나도 없을 거야"라며 그들을 안심시키셨습니다. 또한 이것은 예수 믿는 우리에게 하나님이 하신 말씀입니다. 우리도 살다 보면, 병이 들 때가 있습니다. 그러나 우리의 병 가운데 그 어떤 것도 하나님께 벌로 받은 병은 없습니다.

 몸이 아플 때는 몸만 아파야 하는데, 마음이 같이 아프거나 마음이 더

아픈 경우가 있습니다. 자신의 병을 하나님께 받은 벌이라고 해석하면 '내가 그때 그렇게 했더니 하나님이 이 병으로 나를 치신 거야'가 됩니다. 이러면 마음이 병듭니다. 우리는 기억해야 합니다. 그리스도인의 병 중에 하나님께 벌로 받은 것은 없습니다.

이 믿음이 있어야 몸이 아플 때 몸만 아플 수 있습니다. 그리스도인 중에 누가 병들었다는 말을 듣고 그 병을 죄의 결과로 단정하고 "하나님께 벌받았다"고 하는 일은 없기를 바랍니다. 하나님은 마라에서 우리에게 분명히 약속하셨습니다. 그런 일은 없다고.

하나님이 이렇게 말씀하시며 명함을 내미셨습니다. "나는 너희를 치료하는 여호와임이라." 이 명함을 잘 간직해야 합니다. 하나님은 신앙생활하는 우리에게 벌로 병을 주지 않으실 뿐 아니라, 우리가 다른 이유로 병들었을 때 치료해 주시는 분입니다. 병든 우리를 향하신 하나님의 뜻은 치료입니다. 우리 역시 하나님처럼 해야 합니다. 병든 우리를 방치하거나 외면하거나 치료를 포기하지 말아야 합니다.

photo by Cho hyunsam

집에 화분이 몇 개 있습니다. 그중 어떤 것은 겨울이면 잎이 다 마르고 앙상한 가지만 남습니다. 죽은 것 같고 끝난 것 같은데, 봄이 되면 연녹색 새순이 올라옵니다. 우리 몸에서 지금 이 역사가 일어나고 있습니다. 병들었을 때, 우리는 기억해야 합니다. "하나님이 지금 나를 치료하고 계신다." 하나님이 지금 새순 돋아나듯이 우리 몸에서 새 세포를 돋아나게 하셔서 우리 몸의 조직과 기관을 재생하고 계십니다.

병든 우리를 향하신 하나님의 뜻은 치료입니다. 지금 하나님의 뜻이 병든 우리 몸 안에서 이루어지고 있습니다. 우리 몸에 하나님의 치료 흔적이 많습니다. 이번에도 앞으로도 하나님이 치료하실 겁니다.

하나님께
받아 사는
인생

인생을 어느 정도 살고 나면 깨달아지는 것이 있습니다. 젊었을 때 보이지 않던 게 나이 들수록 보이듯, 믿음의 삶에도 그런 때가 있습니다. 그중 하나가 인생은 받아서 산다는 것을 아는 때가 옵니다. 인생은 내가 사는 것이고 내가 개척하는 것이고 내가 쟁취하는 것으로 생각하며 살던 때가 있습니다. 그런데 어느 때, 인생은 받아서 사는 거구나 하는 날이 옵니다.

이 하루도 받는 것이고, 힘도 받는 것이고, 지혜도 받는 것이고, 생명도 받는 것이고, 건강도 받는 것이고, 사람도 받는 것임을 아는 날이 옵니다. 직장도 사업도 연구도 아이디어도 다 받는 것임을 압니다.

그때가 되면, 예수 믿는 우리는 "인생은 하나님께 받아서 사는 것"이라는 고백을 하지요. "하나님께 받아 사는 게 인생이다." 이 한 줄을 깨닫기까지 걸리는 시간이 있습니다. 만약 20대 청년이 이걸 20대 때 깨닫는다면, 그는 기대해도 좋습니다.

여기까지 깨달은 것도 큰 깨달음입니다. "인생은 하나님께 받아서 사는 거다." 여기에 하나를 더 깨달으면, 무엇을 통해 받는지를 알게 됩니다. 하나님께 받는 방법이 크게 둘입니다. 하나는 세상이 다 아는 거고, 다른 하나는 그리스도인만 아는 겁니다. 전자는 원망으로 받는 겁니다. 후자는 기도로 받는 겁니다.

세상의 방식은 원망으로 필요를 받아 채우며 사는 겁니다. 세상 표어는 "없으면 원망하라! 그러면 생길 것이다"입니다. 이것은 세상의 생활 방식입니다. 이것은 몸에 밴, 아주 오래된 전통 방식입니다. 컴플레인에 능한 자가 많은 것을 얻을 수 있다는 것이 세상의 생각입니다. 컴플레인을 하지 못하는 것은 바보라며 원망을 부추깁니다. 얼마나 원망을 잘하느냐에 인생의 성패가 달렸다고 느낄 정도입니다.

이스라엘 백성이 애굽을 나와 가나안 땅으로 향하는 과정에서, 그들은 이것을 여실히 보여 줬습니다. 그들은 물이 쓰면 쓰다고 원망했습니다. 그러면 물이 달아졌습니다. 그들이 엘림을 떠나 신 광야와 시내산 사이

photo by Choi kyuhwan

에 있을 때, 먹을 것이 떨어졌습니다. 애굽에서 가지고 나온 양식이 다 떨어졌습니다. 그들은 몸에 밴 공식대로 모세와 아론에게 원망했습니다. 그랬더니 만나가 내렸습니다. 아침에는 만나를 먹고 저녁에는 메추라기를 먹었습니다.

그들은 하나님의 특별한 은혜로 애굽을 나왔습니다. 애굽에서 구원받았습니다. 그러나 그들의 생활 방식은 여전히 애굽 방식 그대로였습니다. 마치 세상에서 구원받은 그리스도인이 여전히 삶의 방식은 세상 방식, 예수 믿기 전에 하며 살던 방식 그대로 하는 것과 같았습니다. 새 사람이 되었는데, 새 언약의 백성이 되었는데 여전히 "없으면 원망하라. 그리하면 생길 것이다"가 그들을 지배했습니다.

처음 물이 쓰다고 할 때, 마라에서는 모세도 하나님도 이스라엘 백성의 원망에 대해 화제 삼지 않았습니다. 아마 처음이라 봐줬는지 모릅니다. 그러나 두 번째, 먹을 것이 없다고 신 광야에서 원망할 때, 모세도 하나님도 이스라엘 백성에게 "너희가 원망했다"며 엄히 꾸짖었습니다. 너희가 새 사람이 되었는데, 어찌하여 옛 사람의 방식으로 사느냐는 꾸중이었습니다.

우리도 예전에는 세상 방식대로 살았습니다. 하지만 예수 믿고 구원받은 후에 우리는 세상이 아닌 하늘 방식으로 살고 있습니다. 우리는 원망 대신 기도로 필요를 받아 채우고 있습니다. 우리의 표어는 "없으면 기도하라. 기도하면 하나님이 주신다"입니다. 예수님이 가르쳐 주신 버전대로 하면 "구하라 주실 것이요 찾으라 찾아낼 것이요 두드리라 열릴 것이다"입니다.

원망해도 떡이 생기고 기도해도 떡이 생깁니다. 원망으로 필요를 채우면, 우리는 세상에서 세상을 삽니다. 기도로 필요를 채우면, 우리는 세상에서 천국을 삽니다. 세상 방식대로 살면 세상을 삽니다. 하늘 방식대로 살면 천국을 삽니다. 그리스도인인 우리는 천국을 미리 살다 천국 갑니다. 우리는 우리의 필요를 기도로 받아 삽니다 .

photo by Cho hyunsam

디테일한 순종

젊은 날, 인생은 내가 성취하고 쟁취하는 것으로 알았습니다. 그러다 어느 날, 받아 사는 것이 인생인 걸 알게 됩니다. 어느 정도 살면, 몸이 이걸 압니다. 예수님을 모르는 사람은 이걸 운이라고 합니다. '운이 좋아서'라는 말은 내가 잘해서, 내 실력으로, 내 능력으로 이룬 것이 아니라 알 수 없고 보이지 않지만, 그 어떤 존재에 의한 일이라는, 어찌 보면 겸손한 듯한 말 같습니다.

예수 믿기 전에 우리도 이렇게 말했습니다. 예수 믿은 후에 우리는 더는 이렇게 말하지 않습니다. '운이 좋아서'가 '하나님의 은혜로'로 바뀌었습니다. 우리 삶의 주인이 하나님이신 것을 알고, 이렇게 하신 분이 하나님인 것을 알기 때문입니다. 우리 삶의 모든 여정에 개입하시고 간섭

하시는 하나님을 느끼고 하는 말입니다. 이때가 되면 인생에 대한 우리의 인식도 '받아 사는 인생'에서 '하나님께 받아 사는 인생'으로 좀 더 구체화합니다.

신앙생활의 연륜이 쌓이면, 하나님께 받는 방법이 둘인 것도 알게 됩니다. 하나는 원망, 하나는 기도지요. 광야를 지날 때 이스라엘 백성은 원망으로, 모세는 기도로 하나님께 받았습니다. 이스라엘 백성이 애굽에서 가지고 나온 양식은 한 달쯤 지나 떨어졌습니다. 떨어졌으면, 이제 받아야 합니다. 하나님의 계획은 이스라엘 백성을 애굽에서 인도해 신 광야에서 아사시키시는 것이 아니었습니다. 하나님의 복안이 있었습니다. 기도만 하면 바로 주실 만반의 준비가 다 돼 있었습니다. 안타깝게도 이스라엘 백성은 기도 대신 원망했습니다. 그들은 기도로 받는 대신 원망으로 받았습니다.

하나님은 원망한 이스라엘 백성에게 만나를 주셨습니다. 하나님은 "너희 각 사람은 먹을 만큼만 이것을 거두라"며 "곧 너희 사람 수효대로 한 사람에 한 오멜씩 거두라"고 하셨습니다. 하나님은 "각 사람이 그의 장막에 있는 자들을 위하여 거두라"며 "아무든지 아침까지 그것을 남겨 두지 말라"고 아주 디테일하게 말씀하셨습니다.

이스라엘 백성들은 이 말씀대로 했습니다. 그들은 아침이면 만나를 거두러 갔습니다. 그러나 그중에는 하나님이 디테일하게 하신 말씀, "아무든지 아침까지 그것을 남겨 두지 말라"는 간과한 사람들이 있었습니다. 더러는 아침까지 두었습니다. 그랬더니 벌레가 생기고 냄새가 났습니다. 하나님은 안식일 전날에는 평일보다 두 배를 거두라고 하셨습니다. 안식일에는 만나를 거두러 나가지 말라고 하셨습니다. 그런데도 안식일에 만나를 거두러 나간 사람들이 있습니다.

하나님이 디테일하게 하신 말씀은 디테일하게 지켜야 합니다. 하나님은 "너희들이 알아서 만나를 거두라"고 하지 않으셨습니다. 방법도 아주 디테일하게 말씀하셨습니다.

직장에서 일할 때도 상사의 지시 중 디테일한 부분을 간과하는 경우가 있습니다. 문제가 됩니다. 모세가 백성에게 노한 것처럼, 그는 상사의 노를 유발할 수 있습니다. 하나님 앞에서도, 직장 일도, 사업할 때도, 우리는 디테일에 신경을 써야 합니다. 디테일한 순종이 필요합니다.

하나님이 주신 만나는 내 방법대로, 내 생각대로 거둬 먹는 것이 아닙니다. 하나님이 디테일하게 일러 주신 대로 거둬야 합니다. 우리는 하나님이 보내신 세상에서 살고 있습니다. 우리 마음대로 살면 안 됩니다. 하나님이 일러 주신 대로, 하나님이 디테일하게 일러 주신 대로 살아야 합니다. 일을 할 때도, 사람을 대할 때도, 돈을 벌 때도, 하나님이 디테일하게 일러 주신 대로 해야 합니다.

하나님이 디테일하게 일러 주신 부분을 간과할 때, 만나에 벌레가 생기고 냄새가 났습니다. 먹으라고 주신 만나지만, 먹을 수 없게 되었습니다.

우리 인생이 벌레 먹은 인생이 되도록 방임하지 말아야 합니다. 우리 인생이 냄새나는 인생이 되지 않아야 합니다. 우리의 인생은 아름다워야 하고 맛있어야 합니다. 우리는 범사에 항상 하나님이 디테일하게 일러 주신 대로 해야 합니다. 우리 인생은 아름다운 인생, 맛있는 인생입니다.

완주를
위한
솔루션

―――

모세 장인 이드로는 사위가 일하는 걸 봤습니다. 모세는 앉아서 재판하고, 이스라엘 백성은 아침부터 저녁까지 모세 곁에 서 있었습니다. 이걸 본 이드로는 왜 이렇게 일하느냐고 물었습니다. 모세는 "백성이 하나님께 물으려고 내게로 옵니다. 그들에게 일이 생기면, 내가 그 양쪽을 재판하여 하나님의 율례와 법도를 알게 합니다"라고 답했습니다. 백성들은 상담과 재판, 이 두 가지 사유로 모세를 찾았습니다.

이드로는 단호히 말했습니다. "네가 하는 것이 옳지 못하다. 너와 또 너와 함께한 이 백성이 필경 기력이 쇠할 것이다. 이 일이 네게 너무 중하다." 이드로가 한 말의 요지는 "이건 과로다. 이러면 반드시 다 지쳐 쓰러진다"는 겁니다. 이드로는 모세에게 과로를 멈추라며 과로의 결과에 대해 경고를 덧붙였습니다. 이드로는 아마 딸 걱정도 됐을 겁니다. '이 사람 이대로 두면, 이렇게 일하면 내 딸은…'이라는 걱정이 그의 마음에 있었을지 모릅니다. 점 세 개로 줄인 말은 말 안 해도 압니다.

살다 보면 우리도 힘에 지나도록 일해야 하는 때가 있습니다. 그러나 이 상태가 지속되면 필경 기력이 쇠합니다. 탈진합니다. 번아웃에 이르게 됩니다. 하나님과 대면하는 모세라 할지라도 과로하고 무리하면 필경 기력이 쇠합니다.

사람은 쉬어야 삽니다. 쉬어야 완주할 수 있습니다. 쉬지 않고 무리하면 중도 탈락합니다. 어느 순간 탈진합니다. 의욕을 상실하고 주저앉을 수 있습니다. 탈진은 타락, 정도 이탈로 발현되기도 합니다. 정도를 걷던 사람이 한순간에 훅하고 정도를 이탈하는 사고를 낼 수도 있습니다. 일만 아니라 삶도 명예도 다 잃어버리는 상황을 맞을 수도 있습니다.

이드로는 "네가 혼자 할 수 없다"고 단호하게 말했습니다. 이어 "이제 내 말을 들으라"며 그에게 솔루션을 제공했습니다.

솔루션 1. 하나님께 토스하라

이드로는 백성이 사건을 가지고 오거든 그것을 하나님께 가지고 가라고 했습니다. 이것은 백성이 하나님께 직접 문제를 가지고 가도록 이끌라는 의미를 담은 솔루션입니다. 중요한 포인트입니다. 우리는 문제의 해결자가 아닙니다. 해결하실 분은 하나님입니다. 해결 능력도 없이 모든 문제를 다 가슴에 담고 몸으로 감당하려 하면 살 수 없습니다.

솔루션 2. 사전 교육하라

이드로는 모세에게 율례와 법도를 이스라엘 백성에게 가르쳐 그들이 마땅히 갈 길과 할 일을 알게 하라고 조언했습니다. 문제가 생긴 후에 그것을 처리해 주는 것도 필요하지만, 그보다 효과적이고 효율적인 것이 미리 가르쳐 주는 것입니다. 넘어지기 전에 어떻게 하면 넘어지지 않는지, 넘어졌을 때는 어떻게 해야 하는지를 가르쳐 주는 것이 우선입니다. 사전 교육을 통해 스스로 문제를 풀고, 헤쳐 나갈 수 있는 능력을 키워 줘야 일이 줄어듭니다. 상담보다 교육이 우선입니다. 또한 사전 교육이 더 효과적입니다.

솔루션 3. 위임하라

사람을 세워 일을 나누라. 이드로는 모세에게 천부장과 백부장과 오십부장과 십부장을 세워 그들로 처리하게 하라고 했습니다. 네가 혼자 할 수 없다. 모세는 이것을 인정했습니다. 내가 다 할 수 있다, 내가 아니면 안 된다는 생각이 우리로 과로하게 합니다.

내가 다 할 수 없습니다. 나 없어도 됩니다. 사람을 세워 일을 나눠야 합니다. 위임, 이드로가 모세에게 제시한 일을 줄이는 방법입니다. 아무나 세우면 안 됩니다. 이드로는 모세에게 콕 집어서 "능력 있는 사람을 백성 위에 세우라"고 했습니다. 능력 없는 사람을 세우면, 일이 줄지 않습니다. 오히려 돈도 더 들고, 일도 늘어납니다. 능력 있는 사람은 "하나님을 두려워하며 진실하며 불의한 이익을 미워하는 사람"입니다. 이런 사람을 세워야 일이 줄어 듭니다.

출애굽 여정과 인생길이 많이 닮았습니다

출애굽 여정과 인생길이 많이 닮았습니다. 문제 하나 풀면 또 문제 하나가 생기는 것도 그렇습니다. 애굽을 떠난 지, 한 달쯤 지나 이스라엘 백성은 신 광야에 이르렀습니다. 거기서 양식이 떨어졌습니다. 그들은 한 달이면 가나안 땅에 도착할 줄 알았습니다. 실제, 라암셋에서 가나안 땅으로 바로 가면, 한 달이면 갈 수 있는 거리입니다. 그런데 하나님은 그들을 광야 길로 인도하셨습니다. 그들의 계획대로 되지 않았습니다. 인생도 그렇지요. 사람이 마음으로 자기의 길을 계획할지라도 그의 걸음을 인도하시는 분은 하나님이시라 그래요.

신 광야에서 그들은 만나를 먹기 시작했습니다. 이제 그들은 먹는 걱정은 덜었습니다. 그들은 하나님의 명령대로 신 광야를 출발해 르비딤에 이르렀습니다. 그런데 마실 물이 없습니다. 당황이 되지요. 하나님 말씀대로 했는데, 마실 물이 없으니 말입니다.

문제 앞에서 그들은 몸에 밴 습관을 따라 또 원망을 시작했습니다. 모세를 향해 컴플레인을 세게 했습니다. 백성이 모세와 다투었다고 쓴 걸 보면 분위기가 상당히 험악했던 것 같습니다. 그들은 모세를 향해 "우리에게 물을 주어 마시게 하라"고 했습니다. 그동안 몇 번의 경험을 통해 학습한 것이 그만 그들 안에 고착된 것 같습니다. "문제가 생기면 지도자를 원망하라. 그러면 문제가 해결된다." 어쩌면 하나님은 이들이 이번에는 원망 대신 기도하지 않을까 내심 기대하셨을 것 같습니다. 아쉽지만 아직 그들은 거기까지 성숙하진 못했습니다.

그들은 "어찌하여"로 시작하는 말로 모세에게 따지기 시작했습니다. 어찌하여 우리를 애굽에서 인도해 내어서 목말라 죽게 하느냐며, 어머니 왜 날 낳았느냐고 따지는 철부지 아들을 보는 것 같습니다.

모세는 늘 하던 대로, 하나님께 부르짖었습니다. 하나님은 그에게 해결 방안을 일러 주셨습니다. 하나님은 모세에게 반석을 치라고 하시고 모세는 그렇게 했습니다. 이스라엘 백성은 암반수를 마셨습니다. 이스라엘 백성은 이제 만나에 이어 물도 마시게 되었습니다.

이스라엘 백성은 르비딤에서 여호와께서 우리 중에 계신가, 안 계신가로 설왕설래했습니다. 거듭 이어지는 문제와 하나 해결하면 또 나타나는 문제를 보며 '하나님이 우리 중에 계신다면 이런 일이 과연 일어날까' 이렇게 시작한 신앙 논란으로 그들은 흔들렸습니다. 거듭되는 문제로 신앙이 흔들릴 수 있습니다. 이스라엘 백성이 흔들린 것처럼, 우리도 흔들릴 수 있습니다. 하나님이 살아계신다면, 어떻게 이런 일이 내게 일어날 수 있느냐며 힘들어할 수 있습니다. 이런 일로 하나님이 없다고 하고 세상으로 간 사람도 있습니다. 물론 나중엔 다시 돌아오겠지만, 안타까운 일입니다. 세상으로 가지는 않았지만, 신앙의 흔들림으로 데면데면한 신앙인으로 살기도 합니다.

문제엔 답이 있습니다. 우리 인생 문제도 마찬가지입니다. 답이 없다고 한탄하는데, 아닙니다. 답이 있습니다. 출애굽 여정을 따라가 보면, 물이 써서 먹지 못하는 문제도, 먹을 것이 없는 문제도, 마실 물이 없는 문제도 다 하나님이 해결해 주셨습니다. 하나님이 풀어 주셨습니다. 하나님이 답입니다.

문제가 있는 게 인생입니다. 문제의 연속이 인생입니다. 문제없는 인생은 없습니다. 문제를 피해 도망치는 것은 문제 해결이 아닙니다. 문제를 외면하는 것도 해결 방안이 아닙니다. 문제는 풀면 됩니다. 풀면 풀어지는 게 문제입니다. 문제는 내가 푸는 게 아닙니다. 문제는 하나님이 풀어 주십니다. 문제 많은 세상이나 문제를 풀어 주시는 하나님이 계시면 걱정 없습니다.

photo by Cho hyunsam

주님과 동행하면 한 문제를 해결하고 이번엔 또 어떤 문제를 만날까 두려워하지 않아도 됩니다. 그 문제도 하나님이 풀어 주십니다. 어떤 문제도 하나님은 다 푸실 수 있습니다.

지금, 우리의 문제 역시 하나님이 풀어 주시면 풀립니다. 문제를 풀어 주시는 하나님이 지금 연락을 기다리고 계십니다.

우리는 지금
여호수아를
키우고 있습니다

물 문제를 해결한 이스라엘 백성이 잠시 한숨 쉬나 했는데, 이번엔 전쟁입니다. 모세는 여호수아에게 "우리를 위하여 사람들을 택하여 나가서 아말렉과 싸우라"고 말합니다. 여호수아는 모세의 말대로, 그대로 했습니다.

여호수아의 첫 등장입니다. 여호수아의 이름이 여기서 처음 나옵니다. 우리에게는 여호수아 이름이 익숙해 자연스럽게 이 본문이 읽히지만, 여호수아는 여기서 아무런 설명도 없이 그야말로 툭하고 튀어나왔습니다. 우리가 잘 아는 것처럼, 이때로부터 약 40년 후에 여호수아는 모세의 뒤를 이어 이스라엘의 지도자가 됩니다. 그는 이스라엘 백성을 가나안 땅으로 인도했습니다.

이 일은 하나님이 그렇게 하도록 하신 겁니다. 놀랍게도 하나님은 이때부터 벌써 모세 다음 지도자를 준비하셨습니다. 하나님은 여호수아를 다음 지도자로 세우셨습니다. 이때는 출애굽 초기입니다. 여호수아가 이스라엘의 지도자가 되기 위해서는 아직도 40년이 남았습니다. 하나님은 아주 오래전부터 다음 지도자를 준비하시고 그를 키우셨습니다.

단순히 여호수아가 등장한 것을 보고 이렇게 말하는 게 아닙니다. 아말렉과의 싸움에서 승리한 후, 하나님은 모세에게 "이것을 책에 기록하여 기념하게 하고 여호수아의 귀에 외워 들리라"고 명하셨습니다.
이것을 책에 기록하고, 이것을 기념하게 하고, 이것을 여호수아의 귀에 외워 들리라고 하신 걸 보고 '아, 이것이 하나님의 다음세대 지도자 준비 과정이구나' 깨달았습니다.

모세는 아말렉과의 싸움에서 승리한 후에 제단을 쌓고 그 이름을 '여호와 닛시'라고 했습니다. 이제 이때로부터 40년 후로 갑니다. 여호수아 인도로 이스라엘 백성들이 요단강을 마른 땅처럼 건넜습니다. 그러고 나서 그가 한 일이 있습니다.

여호수아가 또 요단 가운데 곧 언약궤를 멘 제사장들의 발이 선 곳에 돌 열둘을 세웠더니 오늘까지 거기에 있더라 수 4:9

이것은 여호수아가 하나님의 명령을 따라 돌 열둘을 요단강에서 취하여 그들이 유숙하는 곳에 두라는 명령을 수행한 후에 별도로 행한 일입니다.

이런 걸 판박이라고 하지요. 모세가 르비딤에서 한 걸 여호수아가 40년 후에 그대로 했습니다. 여호수아는 이렇게 모세가 하는 걸 보며 다음세대 지도자로 세워졌습니다. 지도자가 되어서 그는 모세처럼 했습니다.
바른 다음세대 지도자를 세우는 길은 우리가 바로 하는 겁니다. 모세가 한 걸 40년 후에 여호수아가 그대로 한 것처럼, 40년이 지나면 우리 자녀들이 우리가 한 그대로 합니다.

다음세대 지도자 세우는 일을 하나님은 지금도 하십니다. 하나님이 다음세대 지도자 세우는 일을 모세에게 맡기신 것처럼, 하나님은 오늘 우리에게 다음세대 지도자 여호수아 세우는 일을 맡기셨습니다. 우리에게는 하나님이 맡기신 여호수아가 있습니다.

우리 집에서 여호수아가 준비되고, 크고 있습니다. 어린 자녀, 사춘기 자녀를 바라보는 우리의 시선은 달라져야 합니다. 그들은 하나님이 준비하시는 여호수아입니다. 자녀를 양육하는 부모는 지금 여호수아를 키우고 있다는 사실을 잊지 말아야 합니다.

주일학교 안에서 다음세대 지도자 여호수아가 준비되고, 크고 있습니다. 지금 보기에는 개구쟁이, 말썽꾸러기 같지만 주일학교 교사들은 그 아이들이 여호수아인 걸 잊지 말아야 합니다. 주일학교 교사는 지금 다음세대 지도자 여호수아를 가르치고 있는 겁니다. 주일학교 교사는 지금 위대한 일을 하고 있습니다.

교회 안에는 신학대학원에 재학 중인 전도사님도 있습니다. 이들이 여호수아입니다. 나이가 어리고 아직 경험이 부족하지만, 이들이 하나님이 준비하고 계신 다음세대 지도자, 여호수아입니다.

손 들면
이깁니다

―――

 이스라엘 백성이 애굽을 나와 르비딤에 진을 치고 있을 때, 아말렉이 그들을 공격했습니다. 이스라엘 백성은 군사가 아닙니다. 애굽에서 종살이하던 사람들입니다. 벽돌을 만들고 농사하는 일에는 능하지만, 싸움은 처음입니다. 그들이 얼마나 두려웠을까요. 모세는 여호수아에게 사람들을 택하여 나가서 아말렉과 싸우라고 하고, 하나님의 지팡이를 손에 잡고 산꼭대기로 올라갔습니다.

 선뜻 이해되는 대목은 아닙니다. 이 상황이면 혹여 산에 올라갔더라도 내려와야 할 상황 같은데, 이 상황에 지도자가 진을 떠나 산으로 올라가겠다니 말입니다. 이것은 보기에 따라 모세가 두려워 비겁하게 산으로 도망치는 것으로 비칠 수도 있습니다. 지금이 한가하게 산으로 갈 때냐고 누가 힐난해도 딱히 대답할 말을 찾기가 쉽지 않을 것 같습니다.

여하튼 모세는 아론과 훌과 함께 산꼭대기에 올라갔습니다. 가서 그는 손을 들었습니다. 기이한 일이 일어났습니다. 모세가 손을 들면 이스라엘이 이기고, 모세가 손을 내리면 아말렉이 이깁니다. 도무지 모세가 팔을 내릴 수 없는 상황입니다.

우리도 손을 들어 본 경험이 있어 알지만, 일정 시간 지나면 팔이 아파 손을 계속 들 수가 없습니다. 모세도 그랬습니다. 모세의 팔이 자꾸 내려옵니다. 아론과 훌이 돌을 가져다가 모세의 아래에 놓아 그로 그 위에 앉게 했습니다. 이렇게 하고 아론과 훌은 한 사람은 이쪽에서, 한 사람은 저쪽에서 모세의 손을 붙들어 올렸습니다. 해가 지도록 모세의 손이 내려오지 않았습니다. 여호수아가 칼날로 아말렉과 그 백성을 쳐서 무찔렀습니다. 손을 들었더니 이스라엘이 승리했습니다.

손을 드는 것은 여러 의미가 있습니다. 모세가 산꼭대기에서 손을 든 것은 기도 손입니다. 우리는 하나님을 찬양하며 하나님을 높여 드릴 때 손을 듭니다. 이는 경배 손입니다. 월드컵 4강이 확정되는 순간, 올림픽에서 금메달을 따는 순간, 벤치에 있던 스태프들이 앉은 자리에서 튀어 오르며 손을 들고 달려갑니다. 이때 드는 손은 승리의 손입니다. 항복할 때도 손을 듭니다. 이때 든 손은 항복 손입니다.

photo by Choi kyuhwan

　　모세가 손을 들면 이스라엘이 이겼습니다. 하나님은 모세의 기도 손을 승리 손으로 바꿔 주셨습니다. 기도하기 위해 든 손을 하나님은 승리의 만세로 바꿔 주셨습니다. 기도의 손을 들고 있는 그 상태로 하나님은 그 손을 승리의 손으로 바꿔 주셨습니다. 손을 들면 이깁니다. 어떤 경우에도, 손을 들면 이깁니다. 하나님을 경배하기 위해 손을 들어도 이깁니다. 항복하기 위해 손을 들어도 이깁니다.

photo by Choi kyuhwan

　하나님은 우리가 하나님 앞에 항복하기 위해 손을 들면 그 손을 승리 손으로 바꿔 주십니다. 우리가 항복하기 위해 든 손을 내리기도 전에 승리 손으로 바꿔 주십니다.

　우리도 때로 하나님께 고집을 부릴 때가 있지요. 심통이 나면, 하나님이 도와주시지 않아도 할 수 있다고 식식거릴 때가 있지요. 그러다, 결국은 항복하지요. "천부여 의지 없어서 손들고 옵니다." 이 찬양을 하며 하나님 앞에 손을 들 때가 있지요. 그러면, 손을 들면 이깁니다.

　손 들러 산으로 가는 것이 도피 같고 무책임해 보이고 나약해 보이지만, 그렇지 않습니다. 손 들면 이깁니다. 기도하면 이깁니다. 기도하면 승리합니다. 모세는 산꼭대기에서 손을 들었고 여호수아는 산 아래서 싸웠습니다. 산에서 손을 들었는데 산 아래서 이겼습니다.

여기서 손을 들면 저기서 이깁니다. 미국으로 유학 간 자녀를 위해 여기서 손을 들면 거기서 자녀가 이깁니다. 생업의 현장으로 나간 남편을 위해 여기서 손을 들면 거기서 남편이 승리합니다. 군대 간 아들을 위해 여기서 손을 들면 거기서 아들이 이깁니다.

기도의 승리입니다. 이 승리는 거리 제한이 없습니다. 공간의 제약도 받지 않습니다. 모세가 올라갔던 산꼭대기는 어쩌면 모세가 하나님께 부름을 받았던 그 산꼭대기일 수 있습니다. 상당히 먼 곳입니다. 여기서 손을 들면 어디서든 거기서 이깁니다.

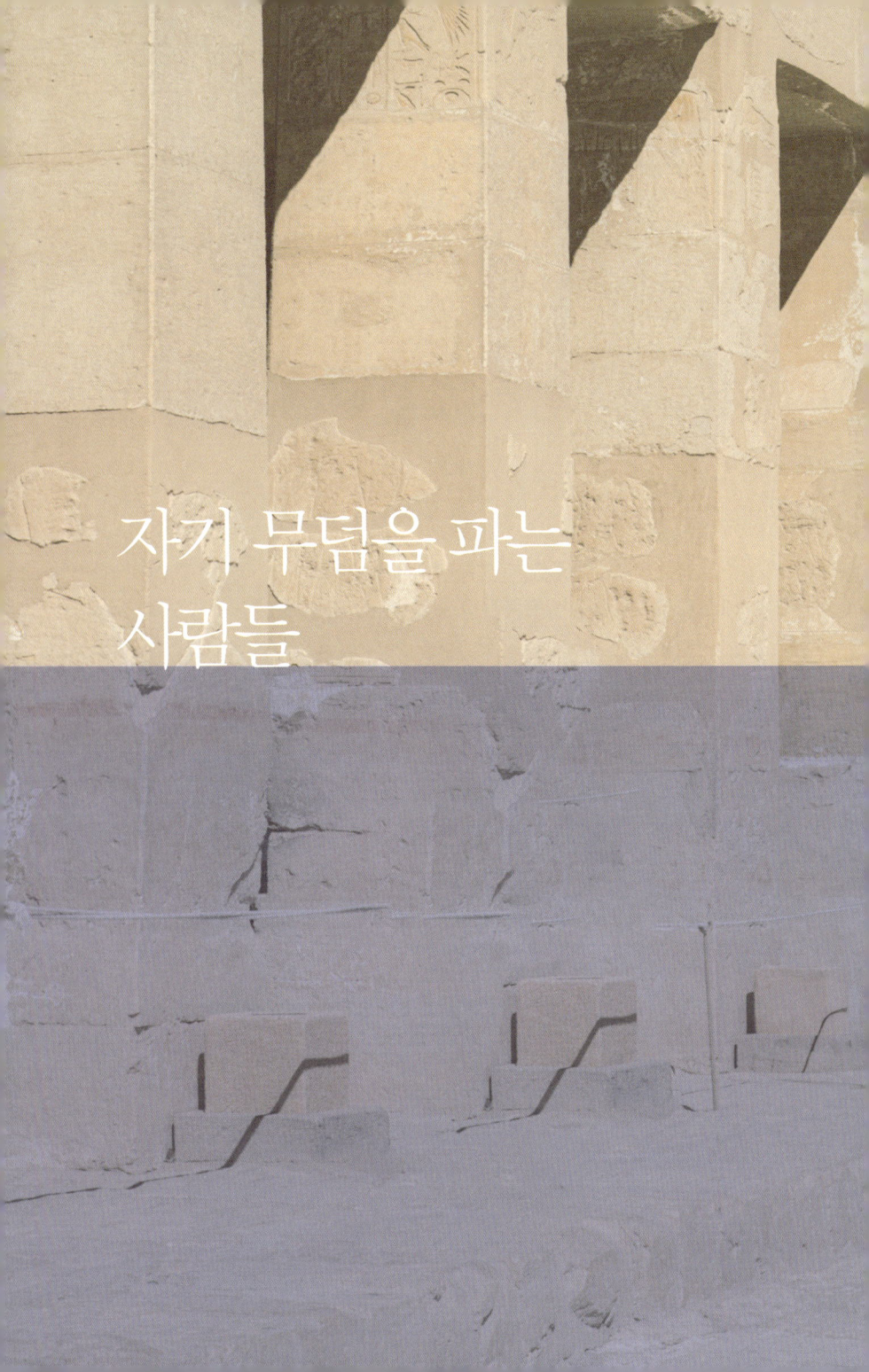

자기 무덤을 파는
사람들

03

이집트에서 큰 산을 만나다
자기 무덤을 파는 사람들
고센 땅으로 바로궁을 찾으러 가다
한국에서 이어진 바로궁 찾기
고센, 그리고 남은 이야기

이집트에서 큰 산을 만나다

―――

성경지리연수, 줄여서 성지연수. 성경의 역사가 펼쳐진 땅 공부를 저는 이렇게 부릅니다. 영어로는 바이블랜드 필드스터디Bibleland field study가 되겠지요. 매년 겨울방학이면, 성경지리연수를 갑니다. 2025년, 5년 만에 성경지리연수를 떠났습니다. 우리교회에서 함께 사역하는 성백철 목사님과 최규환 목사님, 그리고 저와 아내 이렇게 넷이 떠났습니다.

성경지리연수는 주로 이스라엘·팔레스타인 땅으로 갑니다. 2025년에도 그럴 생각이었습니다. 그 땅이 전쟁 중이긴 하지만 안전하다고 했습니다. 우리나라에서 텔아비브까지 가는 직항은 끊겼습니다. 어딘가를 들러, 환승해야 합니다. 로마 가는 비행기를 예약했습니다. 일단은 로마까지만 해 놓고 그다음 여정은 조금 더 시간을 갖기로 했습니다.

무슨 일을 하든, 설렘이 주는 힘이 있습니다. 목회도 선교도 구제도, 다 마찬가지입니다. 하나님이 주시는 사인이자 힘입니다. 설레면 신이 나고 힘이 납니다. 성경지리연수도 마찬가지입니다.

그런데 이번에는 비행기를 예약해 놓긴 했는데, 설렘이 오질 않습니다. 하루 지나면 오겠지, 며칠 지나면 오겠지 했는데, 영 소식이 없습니다. 설렘과 상황, 저는 이 둘에 관심을 둡니다. 이 둘도 제게는 하나님의 인도를 받는 한 채널입니다.

출발하기 일주일쯤 전에, 성 목사님이 "목사님, 이집트는 어떠세요"라고 한마디 했습니다. 밋밋하던 가슴이 움직이기 시작했습니다. 설렘이 왔습니다. "오, 그거 좋겠다." 이렇게 하고 로마에서 카이로로 가는 항공권을 샀습니다. 주일 낮 예배 시간에 출애굽기 강해를 하던 중인 것도 이렇게 결정하는 데 한몫했습니다.

일단 로마에서 카이로로 들어가는 일정까지만 확정했습니다. 그다음은 현장에서 하나님이 주시는 마음을 따라가기로 했습니다. 이집트에 며칠을 머물지, 거기서 이스라엘·팔레스타인으로 들어갈지, 아니면 그리스나 다른 나라로 나갈지 등 모든 걸 열어 두고 가벼운 마음으로 출발했습니다.

이집트가 처음은 아닙니다. 아주 오래전, 25년쯤 됐을까. 성경의 땅을 처음 갈 때, 이집트를 경유해 이스라엘·팔레스타인으로 들어갔습니다. 카이로에 도착해 바로 박물관을 들른 기억과 그 후 몇 시간을 달려 늦은 밤에 시내산 밑에 도착해 잠시 눈을 붙이고 다음날 새벽, 시내산을 올라간 기억이 흐릿하게 남아 있습니다. 기자Giza 피라미드를 간 기억이 없는 것으로 미뤄, 이집트에서 1박을 한 게 다인 것 같기도 합니다. 가벼운 마음으로 며칠 둘러보면 되지 않을까 싶었습니다. 하루 이틀 일정으로 스쳐 지나가는 곳인데, 그곳에서 20일 넘게 지낼 일은 없지 않을까 싶었습니다.

성경지리연수 때, 늘 현장에서 땅 공부를 시켜 줄 성경지리 강사를 미리 섭외하고 가서 배웁니다. 마침 이집트에 우리교회 파송 황원주 선교사님이 있어 강사를 좀 구해 달라고 했습니다. 단순한 길 안내나 장소 안내 정도는 황 선교사님도 할 수 있지만, 성경지리연수는 이보다 심도가 깊어 늘 전문가를 강사로 섭외합니다.

1월 29일 오후 2시 5분, 대한항공편으로 로마 공항을 경유해 이집트 카이로 공항에 도착했습니다. 황 선교사님과 이스라엘에서 카이로로 들어온 유병성 목사님이 마중을 나왔습니다. 유 목사님은 이스라엘·팔레스타인 땅의 성경지리 전문가로, 우리교회가 협력하고 있는 분입니다. 이번 성경지리연수를 이스라엘·팔레스타인 땅으로 갔다면 강사로 함께했을 목사님입니다. 출발하기 전에 유 목사님에게 애굽 땅 공부할 마음이 있는지 물었고, 그렇다고 해서 그 자리에 초대했습니다. 땅이 바뀌면서 유 목사님도 학생 신분으로 공부에 합류했습니다. 유 목사님은 성경지리연구소 소장으로 유튜브를 통해 한국교회와 세계에 흩어진 한인교회 성도들에게 귀한 강의를 송출하고 있습니다. 유 목사님에게 이집트 콘텐츠를 만들 수 있는 기회를 섬기고 싶어 함께했습니다.

질문이 사명이 될 때

숙소에 도착하니 현지 시각으로 새벽 6시입니다. 잘 도착했다는 글을 교회 홈페이지에 올리고, 좀 눈을 붙이려고 했습니다. 그러다 잠시 황 선교사님과 가볍게 이야기를 나눴습니다. 그런데 그 자리에서 황 선교사님이 제게 큰 숙제, 아니 무거운 짐을 하나 안겼습니다. 선교사로 이 땅에 와서 사역하면서 고민이 됐던 이야기를 파송교회 담임목사가 왔다고 털어놓은 겁니다.

"목사님, 이스라엘 백성이 살던 고센 땅에 바로의 왕궁이 없습니다."

처음엔 뭔 말인가 했습니다. 너무나 당연하게 고센 땅에 바로의 궁이 있다고 생각했습니다. 창세기 뒷부분을 읽어도 그러니, 요셉 때 그때도 고센 땅에 바로궁이 있어야 합니다. 출애굽 때, 모세가 이스라엘 백성을 인도해 그 땅을 나오던 그때도 고센 땅에 바로의 왕궁이 있어야 합니다.

아니, 당연히 있다고 생각했습니다. 한 번도 이런 고민을 해 본 적이 없습니다. 그러니 황 선교사님 말이 충격으로 다가올 수밖에요.

고센 땅에 바로의 궁이 없다면, 이건 심각한 문제입니다. 긴 여정으로 피곤하던 몸이 다시 일어났습니다.
"그럼 어디 있었어요?"
바로의 궁은 어디 있었냐는 질문인데, 침이 마른 상태로 물었습니다.
"목사님, 출애굽 때 수도는 룩소르였습니다."

그 말을 들을 때만 해도, 제가 이집트 지리를 전혀 모른다는 것을 알지 못했습니다. 늘 이집트 하면 나일 델타, 그 삼각주를 중심으로 나일강이 길게 이어져 있고, 나일강 주변으로 도시가 형성되어 있다는 그 정도까지만 알았습니다.

부끄러운 이야기이지만, 카르낙 신전은 알았는데 정작 그 신전이 있는 룩소르는 문외한이었습니다. 제가 성경지도를 만들었는데, 제가 만든 구약지도에 룩소르는 없습니다. 그 지도에는 이집트가 지중해 쪽, 나일 델타 오른쪽까지만 나와 있습니다. 제가 만든 지도 저 아래쪽에 있는 룩소르는 관심권 밖이었습니다. 모르면 물어야지요.
"룩소르가 여기서 얼마나 떨어져 있어요?"
800여 킬로미터라고 했습니다. 순간, '서울서 부산 왕복 거리, 그 먼

곳으로 이스라엘 백성들이 국고성을 지으러 갔다? 그 많은 인원이, 걸어서, 말을 타고, 배를 타고….' 침을 꿀꺽 삼켰습니다. 정말 가벼운 마음으로 편하게 왔는데, 큰 산을 만난 것 같았습니다.

   강사님을 만나면, 이것부터 배워야 하겠다고 생각했습니다. 피곤한 몸에 생기가 돌았습니다. 이걸 의욕이라고 하기도 하지요. 황 선교사님과 이야기를 한다 해도 답이 나오는 상황이 아닙니다. 이참에 황 선교사님도 같이 공부하면 이 고민을 덜 수 있겠다 싶었습니다. 그런데 그만….

   황 선교사님이 우리 부탁을 받고 강사를 구하려고 백방으로 애를 썼지만, 구하지 못했다고 했습니다. 첫 번째 이유, 이집트에는 성경지리를 공부한 선생님이 없다. 두 번째 이유, 그나마 좀 관심이 있는 목사님이 있지만 일정상 어렵다고 해서 나중에 고센에 갈 때 1박 2일만 도와주기로 했다. 아니, 그럼 이 문제를 어떻게 풀지….

   이스라엘·팔레스타인 땅에서 성경지리로는 유명하고 실력 있는 유병성 목사님이 합류하긴 했지만, 유 목사님도 애굽 땅을 공부하러 온 입장입니다. 자습 밖에는 달리 길이 없습니다. 이렇게 이집트 자습 성경지리 연수는 시작됐습니다.

   이런 고민을 던져 주고 황 선교사님은 집으로 가고 우리는 숙소에 남았습니다. 잠을 자야 합니다. 그런데, 잠이 안 옵니다. 그래도 잤습니다.

무거운 짐에 눌려 잠을 청하기는 오랜만인 것 같습니다. 자고 일어났는데도 '고센에 바로궁이 없다'가 머리를 맴돌았습니다. 순간, 괜히 왔다는 생각도 살짝 들었습니다. 고센에 바로궁이 없다는 이 문제를 모른 채로 목회하고, 설교해도 아무 문제 없을 텐데, 괜스레 이집트는 와서 이 큰 고민을 떠안은 것 같아 그랬습니다. 그렇다고 다시 되돌릴 수도 없습니다. 이 문제를 모르면 몰라도, 알았는데 그냥 묻어둘 수는 없습니다.

자고 일어나, 박물관을 가기로 했습니다. 현지인 가이드를 박물관 앞에서 만나기로 했습니다. 황 선교사님도 동행했습니다. 눈은 박물관 유물에, 머리는 '고센에 궁이 없다'로 가득 찼습니다. 우선은 박물관에 집중하려고 하는데, 생각처럼 잘되지 않습니다. 사람마다 다른데, 저는 하나를 해결하고 그다음을 하는 스타일입니다. 뭔가 해결되지 않으면, 그다음으로 나가는 게 어렵습니다. 지금이 그 경우입니다.

그렇다고 이 고민을 교회 홈페이지에다 올릴 수는 없습니다.
"여러분, 제가 이집트에 왔는데요, 글쎄 고센 땅에 바로궁이 없답니다. 출애굽 때 애굽 수도는 고센에서 800여 킬로미터 떨어진 룩소르에 있답니다. 저는 여기 와서 룩소르를 알았습니다. 여러분, 이걸 어쩌지요. 고센 땅에 바로궁이 없으면, 창세기 뒷부분과 출애굽기 앞부분은 어떻게 되는 겁니까." 이럴 수는 없잖아요. 그러니 더 답답한 겁니다. 누구한테 말할 수도, 누구에게 배울 수도 없으니 그저 막막한 겁니다.

그렇다고 이게 해결될 때까지 교회 홈페이지에 글도 쓰지 않고 사진도 올리지 않고 지낼 수도 없고 참 난감했습니다. 최대한 내색하지 않고 박물관 다녀온 이야기 등을 써 올렸습니다. 글을 쓰기 어려울 때는 사진만 올리기도 했습니다.

자기 무덤을
파는
사람들

　다행히 성 목사님이 짜 놓은 일정에 룩소르 답사 일정이 있었습니다. 룩소르를 가면, 무슨 실마리가 나오지 않을까 싶었습니다. 하루라도 빨리 가고 싶었지만, 국내선 비행기 일정이 나오지 않았습니다. 룩소르 일정 다음에 고센 답사 일정이 들어 있습니다. 룩소르는 비행기 일정 때문에, 고센은 1박 2일 강사로 우리를 가르쳐 줄 선생님 일정 때문에 둘 다 바꿀 수 없었습니다. 생각 같아서는 바로 룩소르를 갔다 고센으로 가고 싶지만, 기다려야 했습니다.

　그 사이에 올드 카이로를 잠시 다녀온 것 외의 나머지 시간은 다 숙소에 머물며 고센에서 바로궁 찾기 공부를 했습니다. 제가 들고 간 노트북에는 성경연구프로그램 로고스가 설치되어 있고, 제 계정 안에는 8천 개가 넘는 도서와 자료가 전자책 형태로 들어 있습니다. 교회가 마련해 준 책과 자료들입니다. 전자 서재지요. 이 덕에 언제 어디서나 공부와 연구가 가능합니다. 영어 자료가 많은데, 번역 프로그램의 발전으로 이전보다 훨씬 접근성이 좋아졌습니다.

  2025년 2월 1일 이른 새벽, 우리는 룩소르로 가는 오전 4시 30분 비행기를 타기 위해 공항으로 향했습니다. 룩소르에 도착해, 룩소르 동쪽과 서쪽을 연결하는 나일강 위로 난 다리 위에서 일출을 맞았습니다.
  그렇게 룩소르에서 일출을 보고, 나일강 서쪽에 있는 왕가의 계곡으로 향했습니다. 왕들의 무덤이 모여 있는 곳입니다. 입장료를 내야 입장이 가능합니다. 매표소 안 벽에 애굽 왕들의 연대기가 걸려 있었습니다. 연대기는 학자마다 다르고 책마다 다른 경우가 허다합니다. 애굽 연대기도 예외는 아닙니다. 기준을 정해야 합니다. 우리는 그 기준을 이집트 정부가 공인한 것으로 삼았습니다. 왕가의 계곡에 게시한 정도면 정부가 공인한 것이 아닐까 하는 확신이 들었기 때문입니다.

  그 연대기를 촬영해 교회로 보내 표로 만들어 달라고 했습니다. 아무래도 애굽 역사를 조금은 알아야 할 것 같습니다. 이 연대기는 그곳에 무덤이 있는 왕들 중심입니다. 요셉이 애굽으로 팔려 갈 때와 총리일 때의 바로는 이 연대기에 이름조차 나오지 않습니다.

룩소르에서의 일출

이집트 왕조

제작 서울광염교회 바이블랜드

연대	시대	왕조	기간	왕들	
3100 BC	신석기 시대				
	초기 왕조	이집트 제1왕조	3100-2900 BC		
		이집트 제2왕조	2900-2700 BC		
2700	고왕국	이집트 제3왕조	2700-2610 BC	조세르, 세켐케트, 후니…	
		이집트 제4왕조	2610-2500 BC	쿠푸, 카프레, 멘카우레…	
		이집트 제5왕조	2500-2345 BC	우세르카프, 사후레, 니우세르레, 우나스…	
		이집트 제6왕조	2345-2184 BC	테티, 페피 1세, 페피 2세…	
2184	제1중간기	이집트 제7~10왕조	2184-2040 BC		
2040	중왕국	이집트 제11왕조	2040-1991 BC	인테프 1세, 멘투호테프 1세, 멘투호테프 2세…	
		이집트 제12왕조	1991-1782 BC		
1782	제2중간기	이집트 제13~17왕조	1782-1570 BC		
1570	신왕국	이집트 제18왕조	1570-1293 BC	아흐모세	1570-1546 BC
				아멘호텝 1세	1546-1524 BC
				투트모세 1세	1524-1518 BC
				투트모세 2세	1518-1504 BC
				투트모세 3세	1504-1498 BC
				핫셉수트	1498-1483 BC
				투트모세 3세	1483-1450 BC
				아멘호텝 2세	1450-1419 BC
				투트모세 4세	1419-1386 BC
				아멘호텝 3세	1386-1349 BC
				아크나톤	1349-1334 BC
				스멘크카레	1334 BC
				투탕카멘	1334-1325 BC
				아이	1325-1321 BC
				호렘헤브	1321-1293 BC
		이집트 제19왕조	1293-1185 BC	람세스 1세	1293-1291 BC
				세티 1세	1291-1278 BC
				람세스 2세	1278-1212 BC
				메르넵타	1212-1202 BC
				아멘메세스	1202-1199 BC
				세티 2세	1199-1193 BC
				시프타	1193-1187 BC
				타우저트	1187-1185 BC
		이집트 제20왕조	1185-1070 BC	세트나크테	1185-1182 BC
				람세스 3세	1182-1151 BC
				람세스 4세	1151-1145 BC
				람세스 5세	1145-1141 BC
				람세스 6세	1141-1133 BC
				람세스 7세	1133-1126 BC
				람세스 8세	1126 BC
				람세스 9세	1126-1108 BC
				람세스 10세	1108-1098 BC
				람세스 11세	1098-1070 BC
1070	제3중간기	이집트 제21~26왕조	1070-525 BC		
525	말기왕조	이집트 제27~31왕조	525-332 BC		
332	그레코-로만 시대	마케도니아 왕조	332-305 BC	알렉산드로스 대왕, 필리포스 아리다이오스…	
		프톨레마이오스 왕조	305-30 BC	프톨레마이오스 1세, 프톨레마이오스 3세, 클레오파트라 7세…	
		로마 제국	30 BC-395 AD	아우구스투스, 트라야누스, 셉티미우스 세베루스…	
395 AD					

출처 : 이집트 룩소르 서안 왕가의 계곡(왕들의 무덤) 출입구에 게시된 연대표

무덤과 장제전

애굽의 바로들은 자신의 무덤 만드는 데 공을 많이 들였습니다. 애굽 역사 초기부터 그랬습니다. 우리가 아는 피라미드, 그것도 바로의 무덤입니다. 초기 바로들의 무덤인 피라미드는 지중해와 가까운 이집트 북쪽에 있습니다. 조세르 피라미드도, 기자에 있는 그 유명한 세 개의 피라미드도 그 위치는 이집트 북쪽에 있습니다.

애굽 연대표를 보면서 글을 읽어야 읽힙니다. 표에서 보듯이, 주전 1570년부터 신왕조가 시작됩니다. 이때 수도는 룩소르가 되고 애굽의 바로들이 더는 피라미드를 만들지 않습니다. 그렇다고 바로들이 무덤 만드는 일을 포기한 것은 아닙니다. 신왕국 때부터는 피라미드처럼 여기가 무덤이라고 광고하는 대신, 무덤을 은밀하게 만들기 시작합니다. 이유는 도굴을 막기 위해서입니다.

신왕조 이전까지 애굽의 바로들은 피라미드를 만들어 그 안에 자신의 시신과 여러 물품을 넣도록 했습니다. 피라미드가 완공되고, 그 피라미드에 장사한 바로의 장례를 마치면 그때부터 도굴이 시작된다고 해도 과언이 아닙니다. 그만큼 도굴이 일상이 되다 보니, 신왕조 때부터는 계곡에 땅을 파고 무덤을 만들었습니다. 무덤을 숨겨 놓은 거지요.

이전 바로들은 '여기가 왕의 무덤이다' 하고 피라미드를 세워 도굴꾼을 불러들였다면, 신왕조 때부터는 왕의 무덤이 어딘지, 그것을 최소한의 사람만 알도록 하며 보안 유지를 했습니다. 겉에서 보면 전혀 무덤 같지 않은 계곡에 이런 무덤들이 모여 있습니다. 그곳을 왕가의 계곡이라고 부릅니다. 발굴된 순서를 따라 바로의 무덤에는 번호가 붙어 있습니다.

이런 연유로, 왕가의 계곡에 있는 바로의 무덤들은 피라미드를 만든 바로들보다 발굴도 늦어졌습니다. 그럼에도 불구하고 대부분 왕의 무덤은 도굴되었습니다. 도굴되지 않은 바로의 무덤은 현재까지는 하나입니다. 9살에 즉위해 18살에 죽은 투탕카멘의 무덤만 온전히 보전되었습니다. 그 안에서 진귀한 유물이 5천 점 이상 나왔지요. 투탕카멘의 마스크와 황금관은 국립이집트박물관에 가면 볼 수 있습니다.

그날 왕가의 계곡에서 왕의 무덤 세 개를 봤습니다. 기본 입장료로는 무덤을 세 개까지 볼 수 있습니다. 더 보려면 추가 금액을 내야 합니다. 람세스 4세, 메르넵타, 람세스 1세 무덤 순으로 세 개를 보고 나니 지치기도 하고, 무료면 몰라도 추가로 돈을 더 내고 볼 마음까지는 올라오지 않아 세 개로 만족했습니다. 나중에 투탕카멘 무덤을 보지 않은 것이 약간 아쉽기는 했습니다. 그 무덤 안에 투탕카멘 미라가 있는데, 이집트국립문명박물관 미라관과 달리 여기서는 사진 촬영이 자유롭다는 걸 나중에야 알았습니다.

무덤에서 촬영한 사진이 많은데, 워낙 흔해 사진은 생략합니다. 왕가의 무덤에서 나와 점심을 먹고 '여자 바로'로 불리는 핫셉수트 장제전을 둘러봤습니다. 대학에서 건축을 전공한 최 목사님이 "건축학에서 핫셉수트 장제전은 상당히 의미가 있는 건물"이라고 귀띔했습니다. 그 규모가 대단했습니다.

핫셉수트 장제전

핫셉수트 장제전

장제전, 설명을 좀 합니다. 애굽에 와서 공부 중에 가장 많이 듣는 말 중 하나가 신전입니다. 영어 표현으로 템플 temple입니다. 템플은 성전이라고 번역하기도 하고 신전이라고 번역하기도 합니다. 그래서 애굽에 있는 템플을 우리말로 신전으로 많이 번역합니다. 람세스 3세 신전 등과 같이 번역합니다. 이집트에 와서 신전이라는 여러 곳을 돌아보니, 어떤 곳은 신전이라고 번역하기엔 좀 무리가 있는 곳도 있습니다. 애굽의 왕들을 바로로 칭한다는 것은 우리가 아는 상식이지요. 그 많은 바로가, 그 많은 애굽 왕이 템플을 지었습니다.

여기 쓰인 템플은 신전으로 번역하기보다 장제전葬祭殿이라고 하는 것이 좋을 듯싶습니다. 바로들의 장례와 제사를 집례하는 장소라는 의미로 이미 우리나라 사람들이 만들어 사용하고 있는 표현입니다. 제게는 이 단어가 여기서 처음입니다.

건축을 전공한 최규환 목사님은 대학 다닐 때 사진으로 보았는데, 현장에서 눈으로 보니 감회가 새롭다고 해서 안 단어입니다. 검색창에 확인해 보니, 장제전이 꽤 많이 사용되고 있었습니다. 아직 표준국어대사전에 장제전이 표제어로 등재되어 있지는 않습니다.

옆에 있던 성백철 목사님이 "홍해대전 紅海代戰처럼 누가 만든 단어 같아요"라고 해서 웃었습니다. 이 말 후에 성 목사님이 한마디 더 했습니다. 더 좋은 이름이 있다며 '장례식장'이라고 합니다. 핫셉수트 장례식장, 핫셉수트 전용 장례식장이라고 하면 이도 맞을 것 같습니다. 템플 중에 신전이라고 번역할 곳도 있습니다. 태양신에게 제사를 드렸던 룩소르에 있는 카르낙 템플은 우리말로 번역할 때 카르낙 신전이라고 하는 게 맞습니다.

영원을 사모하는 마음

다음 날, 나일강 동쪽을 둘러보았습니다. 람세스 3세의 장제전을 들렀다 카르낙 신전을 둘러보고 조금 일찍 일정을 마쳤습니다. 왕들의 무덤과 신전을 돌아봤습니다. 룩소르에서 애굽에 신전, 장제전, 무덤, 미라가 많은 이유가 궁금해 공부했습니다.

피라미드와 장제전, 그리고 미라를 이해하기 위해서는 이집트인들의 내세관을 알 필요가 있습니다. 이것은 이들의 내세관과 밀접한 관련이 있습니다. 이들에게 사람의 인생은 죽는 것으로 끝나지 않고, 죽은 후에 사람의 몸을 떠난 영혼이 다시 그의 몸으로 돌아올 것이라는 내세관이 있습니다. 이들에게는 영원을 사모하는 마음이 있습니다.

이는 하나님이 사람을 이렇게 지으셔서 그렇습니다. 전도서는 "하나님이 모든 것을 지으시되 때를 따라 아름답게 하셨고 또 사람들에게는 영원을 사모하는 마음을 주셨느니라"전 3:11라고 말해 줍니다. 하나님이 사람에게 영원을 사모하는 마음을 주셨습니다. 세상에 있는 종교들 가운데 영원에 대해 말하지 않는 종교는 거의 없습니다.

　이름은 다르고 내용은 달라도 모든 종교는 사람이 죽는 것으로 끝나지 않고 또 다른 세상, 또 다른 삶이 있다고 합니다. 심지어 죽으면 끝이라는 무신론자도 장례식장에서 조문할 때 "고인께서 좋은 곳에 가셨을 것"이라며 상주를 위로합니다.

　하나님이 사람을 영생하도록 지으셨습니다. 하나님이 사람을 영원히 살도록 지으셔서 사람은 영원을 사모합니다. 사람이 영원을 사모하는 것은 지극히 정상적인 일입니다. 문제는 영생을 얻는 길을 모르고, 하나님이 영생을 얻도록 정해 주신 길이 아닌 다른 길에서 영생을 찾고 있는 것입니다.

　영생으로 가는 길은 예수 그리스도입니다. 하나님은 예수 그리스도를 보내셨습니다. 그 아들 예수는 생명입니다. 하나님은 사람에게 생명을 주시기 위해, 영원한 생명을 주시기 위해 예수를 보내셨습니다. 이는 사람에게 영생을 주시기 위함입니다. 예수는 길이요 진리요 생명입니다. 예수는 영생을 얻는 유일한 길입니다. 예수 믿으면 영생을 얻습니다. 성경은 분명히 말합니다.

하나님이 세상을 이처럼 사랑하사 독생자를 주셨으니 이는 그를 믿는 자마다 멸망하지 않고 영생을 얻게 하려 하심이라 요 3:16

애석하게도 이집트인들은 영원을 사모했으나 그 영원이 하나님이 주시는 것인 줄 몰랐습니다. 그들은 영생이, 영원한 생명이 예수 그리스도께 있음을 몰랐습니다.

영원을 사모한 이집트인들은 태양을 비롯해 수많은 신을 만들어 섬겼습니다. 하나님을 섬겨야 하는데, 그들은 하나님 자리를 하나님이 지으신 피조물들로 대체했습니다. 하나님의 피조물을 하나님 자리에 놓고 그것을 섬겼습니다. 그들은 하나님이 만드신 해와 달과 별들과 각종 짐승과 동물을 섬겼습니다. 그들은 이것들이 영생을 줄 것이라고 믿었습니다. 안타까운 일입니다.

이집트인이 섬긴 대표적인 것이 태양입니다. 이들에게 태양은 생명입니다. 생명을 주는 존재를 태양으로 알았습니다. 이들은 태양을 경배했습니다. 이들이 지은 신전의 제단은 다 해 뜨는 쪽인 동쪽을 향하고 있습니다. 그들은 룩소르에 신전을 지을 때도 나일강을 기준으로 해가 뜨는 동쪽에, 신전 안 제단 역시 동쪽에 배치했습니다. 룩소르에 유명한 카르낙 신전이 있습니다. 이 신전의 제단 역시 동쪽을 향하고 있습니다. 긴 신전을 따라 들어가면, 끝부분에 제단이 나옵니다.

카르낙 신전 입구에서 아이폰의 나침판으로 측정했는데, 정동향은 아닙니다. 살짝 남쪽으로 기울어졌습니다. 이번에 안 상식인데, 정동향은 없다고 하네요. 북향은 고정되어 있지만 동향은 때에 따라 살짝씩 바뀐다고 하네요. 카르낙 신전에 동행한 이집트학 전공자인 현지 가이드 핫산 씨가 아이폰이 땅 기운을 받아 틀어졌다고 농담을 건네서 같이 웃었습니다. 카르낙 신전 방향도 태양이 떠오르는 것을 기준으로 정했는데, 태양이 떠오르는 각도가 날짜에 따라 살짝씩 변화가 있는가 봅니다. 가이드가 그의 휴대폰을 열어 지난해 12월에 카르낙 신전 중앙으로 떠오르는 태양을 촬영한 사진을 보여 줬습니다.

이집트인들에게 동쪽은 생명, 서쪽은 죽음이란 개념이 있습니다. 룩소르에서 동서를 구분 짓는 기준은 나일강입니다. 우리가 한강을 기준으로 강동, 강서, 강남, 강북을 구분하는 것처럼 이들은 나일강을 기준으로 동서를 구분합니다. 룩소르의 나일강 동쪽은 사람과 신이 사는 곳이고, 서쪽은 죽은 사람이 사는 곳입니다.

지금은 서쪽에도 사람이 살지만, 이전에는 그곳에 무덤만 있었습니다. 장제전과 무덤은 나일강 서쪽에, 왕궁과 신전은 나일강 동쪽에 위치해 있습니다. 룩소르의 경우, 나일강 동쪽에 동서로 길게 신전들이 늘어서 있고 지금도 발굴 작업이 계속 이어지고 있습니다.

여기서 성경 상식 하나 보태고 갑니다. 룩소르는 성경에 나올까. 네, 나옵니다. 룩소르는 고대에 테베Thebes 라고도 불렸습니다. 성경에는 룩소르가 '노아문', 또는 '노'로 나옵니다. 영어 성경은 '노'를 테베라고 번역했습니다. 먼저 '노아몬'이라고 나온 본문을 봅니다.

> 네가 어찌 노아몬보다 낫겠느냐 그는 강들 사이에 있으므로 물이 둘렸으니 바다가 성루가 되었고 바다가 방어벽이 되었으며 나 3:8

'아몬'은 신의 이름입니다. '라'는 태양신 이름입니다. 후에 이 둘이 합해 '아몬라'가 됩니다. 애굽은 왕의 역사만 아니라 신의 족보도 어렵기는 마찬가지입니다. 우리 관심 사항은 아닙니다.

다음은 성경에 룩소르를 '노'라고 한 본문입니다.

> 만군의 여호와 이스라엘의 하나님께서 말씀하시니라 보라 내가 노의 아몬Amon of Thebes과 바로와 애굽과 애굽 신들과 왕들 곧 바로와 및 그를 의지하는 자들을 벌할 것이라 렘 46:25

> 내가 바드로스를 황폐하게 하며 소안에 불을 지르며 노 나라Thebes(원문에 나라는 표현은 없다)를 심판하며 내 분노를 애굽의 견고한 성읍 신에 쏟고 또 노 나라의 무리를 끊을 것이라 내가 애굽에 불을 일으키니 신 나라가 심히 근심할 것이며 노 나라는 찢겨 나누일 것이며 놉 나라가 날로 대적이 있을 것이며 겔 30:14-16

에스겔 30장은 그 전체가 하나님이 에스겔을 통해 애굽을 심판하실 것을 예언하신 말씀입니다. 우리가 사용하고 있는 개역개정 성경에는 '노 나라', '놉 나라'로 나오지만 원문에는 나라가 없습니다. 이는 애굽의 도시 이름입니다. 읽을 때 참고 바랍니다. 이해를 돕기 위해 원문에 없는 나라를 넣어 번역했지만, 이것이 오히려 오해를 가져올 수 있습니다.

최근 대한성서공회가 번역해 출판한 새한글성경에는 '노'를 룩소르의 옛 지명 '테베'로 번역했습니다. 대부분의 영어 성경과 같이했네요. 애굽으로 성경지리연수를 오지 않았다면, 어쩌면 평생 묻힐 도시 이름 몇 개가 선명하게 드러나네요.

무엇에 마음을 쓰고, 어디다 인생을 걸까

룩소르에서 카이로로 돌아와 카이로에서 북쪽 사카라에 있는 조세르 피라미드를 다녀왔습니다. 그야말로 거대했습니다. 불가사의라는 표현을 하던데, 그렇게 표현하는 것이 전혀 무리가 아닙니다.

어떻게 이걸 오늘 우리가 사용하는 건설 장비도 없이 만들었을까, 궁금했습니다. 누군가 이걸 외계인이 만들었다고 하던데, 그럴 만도 합니다. 하지만 분명 이 무덤은 당시 사람이 만들었습니다. 이 무덤 만드는 돈을 다른 데 썼으면 어떤 일이 일어났을까. 이런 생각이 들기도 했습니다. 왕들의 무덤을 둘러보며, 마음에 드는 생각이 있었습니다. 왕이 되면 자기 무덤을 파는 사람들이 바로구나 싶었습니다.

우리 말에 자기 무덤을 판다는 말이 있습니다. 뭔가 잘못할 때, 그 일의 결과가 좋지 않은데 그 일을 하는 사람을 두고 하는 말입니다. 자기 무덤을 파는 일은 하지 말아야 한다는 의미로 주로 회자합니다. 긍정적인 말은 아닙니다.

조세르왕은 피라미드 형태의 무덤을 만든 최초의 왕입니다. 이후 1,000여 년 동안 사카라와 기자 등지에 피라미드가 건설되었습니다. 아마 누구나 한 번쯤은 이집트 피라미드 사진과 영상을 보았을 것입니다. 그 정도로 유명합니다.

기자에 있는 피라미드 세 개가 그중에도 가장 유명합니다. 피라미드는 왕의 무덤입니다. 왕들을 합장한 것이 아니라 왕마다 하나씩 피라미드를 만들었습니다. 앞에서 언급한 것처럼 이집트 제18왕조, 신왕국 때 수도가 남쪽 룩소르로 옮겨 갑니다. 이때부터 애굽의 바로들은 피라미드 대신 왕가의 계곡 땅속에 무덤을 만들었습니다.

애굽의 바로는 왕이 되면 그때부터 자기 무덤 파는 일을 시작합니다. 왕의 일 중 큰일이 무덤을 파는 일입니다. 왕의 관심사 중 관심사가 무덤 파는 일입니다. 무덤만 파는 것만이 아니라 자신의 장례식을 거행할 장제전 건축도 함께 진행했습니다. 장례식은 왕의 경우 70일, 귀족인 경우 40일 동안 이어졌습니다. 이 중 상당한 날을 미라 만드는 데 씁니다. 왕의 무덤뿐 아니라 장제전과 장례식 규모 역시 어마어마합니다.

이것이 나라 재정의 블랙홀이었을 것입니다. 애굽인들의 내세관 때문이라는 이야기는 앞에서 했습니다. 애굽의 내세관 하나가 방향을 잘못 잡았는데, 이것이 이렇게 큰 영향을 그들의 삶에 미쳤습니다. 왕이 되면 국가와 민족을 위해 무엇을 해야 할까를 생각하며 국정 운영을 해야 하는데, 그들은 무덤 파는 일에 온 관심을 쏟았습니다. 사람은 여기 쓰면 저기 쓸 힘이 없습니다. 무엇에 마음을 쓰고, 어디다 인생을 걸지는 참으로 중요합니다.

우리에게 성경이 있는 것이 얼마나 감사한지, 여기서 다시 한번 느낍니다. 하나님은 바울을 통해 "너희는 이 세대를 본받지 말고 오직 마음을 새롭게 함으로 변화를 받아 하나님의 선하시고 기뻐하시고 온전하신 뜻이 무엇인지 분별하도록 하라"롬 12:2고 하셨습니다. 우리를 향하신 하나님의 뜻은 자기 무덤 파다 죽는 것이 아닙니다. 하나님의 뜻은 사는 것입니다. 사랑하며 사는 것입니다. 사람을 살리고 세우는 것입니다.

예수님은 "너희를 위하여 보물을 땅에 쌓아 두지 말라 거기는 좀과 동록이 해하며 도둑이 구멍을 뚫고 도둑질하느니라 오직 너희를 위하여 보물을 하늘에 쌓아 두라 거기는 좀이나 동록이 해하지 못하며 도둑이 구멍을 뚫지도 못하고 도둑질도 못하느니라"마 6:19-20고 하셨습니다. 예수님은 마치 애굽 왕들이 어떻게 했는지를 보고 말씀하신 것 같습니다.

하나님의 뜻은 쌓는 것이 아니라 쓰는 것입니다. 하나님의 뜻대로 재물을 쓰는 것이 재물을 하늘에 쌓는 삶입니다. 애굽 왕들의 무덤은 대부분 도굴당했습니다.

자기 무덤을 파 놓고 그 안에 온갖 보물을 쌓아 놓고 죽은 애굽 왕들의 무덤을 둘러보며, 인생을 다시 한번 생각합니다. 쌓다 죽을지, 쓰고 죽을지, 무엇을 위해, 무엇을 하며 살 것인지 말입니다.

룩소르 동쪽과 서쪽을 돌면서도 여전히 제 안에는 '고센에 바로궁이 없다'가 있었습니다. 당연히 룩소르에는 바로궁이 있을 줄 알았습니다. 그런데 놀랍게도 없었습니다. 현지 가이드 핫산 씨와 함께 이틀에 걸쳐 돌아본 것의 대부분이 신전과 장제전과 무덤입니다. 왕궁은 없었습니다. 여기가 어느 바로의 왕궁이라고 하는 곳이 없었습니다. 처음에는 의식하지 못하다가, 나중에는 이게 뭔 일이지 싶었습니다.

핫산 씨에게 왜 바로궁은 없는지 물었습니다. 그의 대답은 간단했습니다. 애굽 사람은 사람이 사는 집은 흙으로 짓고, 신이 사는 집과 죽은 사람의 집은 돌로 지어 그렇다고 명료하게 대답했습니다. 왕궁은 흙으로 지어 오랜 세월이 지나 다 흙이 되었다는 겁니다. '아하, 그래서 왕궁이 없구나.' 구름 한 조각을 본 것 같은 느낌이 들었습니다. 그래도 터라도 남아 있지 않겠느냐고 했더니, 람세스 3세의 장제전 뒤쪽에 남아 있는 진흙 벽돌로 만든 왕궁터가 다라고 했습니다. 그곳을 가서 봤습니다.

람세스 3세의 왕궁터. 사진을 확대해 보면 흙벽돌로 쌓은 성벽 일부를 확인할 수 있다.

출애굽기에 국고성 라암셋을 건축하는 장면이 나오는데, 그때 재료 역시 흙벽돌입니다. 핫산 씨에게 왜 왕궁을 돌로 짓지 않고 흙으로 지었냐고 했더니, 사람 살기에는 흙으로 지은 집이 좋다는, 제가 여부를 알 수 없는 대답을 했습니다. 그러면서 곁들인 말이, 애굽에는 돌이 귀하다

룩소르에 있는 람세스 3세 장제전 뒤편. 람세스 3세의 왕궁터가 지금도 남아 있다.

고 했습니다. 돌은 아스완이라고 룩소르보다 더 남쪽에 있는 곳에서 배로 실어와야 해서, 사람이 사는 집을 짓는 데 돌을 쓰기는 어려웠을 것이라고 했습니다. 그래도 죽은 사람이 살 집은 다 돌로 지었다고 하면서요. 나중에 조세르 피라미드를 가면서 들린 투탕카멘 유모의 무덤도 규모는 작지만, 돌을 파서 무덤을 만들었더군요.

출애굽 당시 수도였던 룩소르에도 바로궁은 없었습니다. 당대에는 있었지만, 지금은 남아 있지 않습니다. 뭔가 실마리가 풀릴 것 같긴 했지만, 지금 우리가 찾는 것은 바로의 왕궁 유적이 아닙니다. 문제는 고센에 바로의 왕궁이 그때도 없었다는 것입니다. 이제 기댈 곳은 고센 땅, 그곳뿐입니다.

고센 땅으로
바로궁을
찾으러 가다

———

'고센에 바로궁이 없다.' 룩소르에서 이 문제를 해결할 실마리를 찾지 못한 상태로 다시 카이로로 돌아왔습니다. 이제 기댈 곳은 고센 땅입니다. 만약 그곳에서도 찾지 못한다면, 참으로 무거운 마음으로 귀국해야 할 것 같았습니다. 고센에 가면 그래도 뭔가 보이는 것이 있지 않을까, 그랬으면 좋겠습니다. 하루라도 빨리 가고 싶은데 고센 일정 때 섭외한 선생님 일정에 우리가 맞춰야 해서, 이삼 일을 그냥 박물관을 돌아보며 보냈습니다.

아뿔싸, 고센으로 출발하기로 한 전날, 우리와 고센으로 가서 1박 2일 동안 우리를 지도하기로 한 선생님이 아무래도 가는 것이 어렵겠다고 했다는 연락을 받았습니다. 실낱같은 희망이 도망치듯 달아났습니다.

고센 땅에 가려면 사전에 신고하고, 허가를 받는 과정을 거쳐야 한다는 것을 안 것도 그때입니다. 카이로에서 운행하는 투어용 차량으로는 고센을 갈 수 없다는 이야기도 들렸습니다. 대안으로 황 선교사님 차와 승용차 한 대를 빌려서 갈 생각도 했습니다. 그저 마음만 먹으면 갈 수 있는 곳인 줄 알았던 고센이 이렇게 가기 어려운 곳이네요.

감사하게도 첫날부터 우리가 사용하던 렌터카 회사 대표가 차를 보내주겠다고 했습니다. 우리와 조세르 피라미드를 같이 다녀왔는데, 그때 그 땅 사람들을 대하는 우리를 보고 감동해 저녁 식사에 한번 초대하겠다던 그 대표가 베푼 궁휼입니다. 이렇게 해서 2월 8일, 우리는 고센을 향해 출발했습니다. 다 초행입니다. 우리도 초행, 황 선교사님 내외도 초행, 그날 우리와 동행하신 주님만 초행이 아닙니다. 주님을 의뢰하며, 주님께 간절한 마음으로 눈을 열어 보게 해주시라고 기도하고 1박 2일, 고센 일정을 시작했습니다.

성경의 땅, 고센에 도착하다

고센은 큰 지명입니다. 나일 델타(삼각주)로 불리는 땅이 있습니다. 카이로부터 지중해까지 역삼각형을 일컫는 말입니다. 나일 델타 지역을 상하로 반을 잘라 오른쪽을 고센 땅이라고 보면 됩니다. 물론 좀 더 세밀하게 나누면 그것에서 제외해야 하는 지역도 있습니다. 말보다는 지도로 보는 것이 좋을 듯싶습니다.

일반적으로 고센을 마을이나 동네 이름, 또는 이보다는 좀 큰 성읍 정도로 생각합니다. 그러다 보니 이집트를 방문해 고센을 가보고 싶다고 하면, 어느 동네로 데리고 가서 "여기가 고센이야"라고 할 것 같다고 생각합니다. 저도 그랬던 것 같습니다. 카이로에 있으면서, 잠깐 다녀올 수 있는 곳이 고센일 줄 알았습니다. 그런데 그렇지 않았습니다. 고센을 가기 위해 우리는 1박 2일 일정을 따로 냈습니다. 카이로에서 고센을 거쳐 수에즈운하 옆에 있는, 아랍어로 악어라는 뜻의 팀사 Timsa 호수 근처에서 하룻밤을 묵고 돌아왔습니다. 카이로를 출발해 고센의 중심부에 해당하는 곳까지 가는데, 자동차로 2시간 반이 걸렸습니다. 중간에 농로를 따라가는 여정도 있었습니다. 이번에 알았습니다. 고센은 큰 지명입니다. 성경에서 고센은 다 고센 땅이라고 나옵니다.

이집트 나일 델타(삼각주)와 고센

요셉이 바로에게 가서 고하여 이르되 내 아버지와 내 형들과 그들의 양과 소와 모든 소유가 가나안 땅에서 와서 고센 땅에 있나이다 창 47:4

이 말씀에서 가나안 땅과 고센 땅이 함께 나옵니다. 여기 나오는 '땅'의 히브리어 의미는 한 성읍만 일컫는 것이 아닙니다. 땅은 여러 성읍을 포함한 큰 지역 단위를 지칭할 때 사용합니다. 성경에서 땅은 애굽 땅, 구스 온 땅, 시날 땅 등으로 큰 지명을 지칭할 때 나옵니다. 이보다 작은 지역을 지칭할 때 사용하기도 했습니다. 베냐민 땅, 길르앗 땅 등을 지칭할 때 사용되었습니다. 베냐민 땅, 길르앗 땅도 작지 않은 땅입니다.

이스라엘 백성은 애굽에 내려와 고센 땅에 거주하며 거기서 생업을 얻어 생육하고 번성했습니다. 나일 델타 동부 지역에 살았다는 말입니다. 열 가지 재앙이 내릴 때, 이 고센 땅에는 파리 재앙과 우박 재앙이 없었습니다. 이스라엘 백성이 거기 있다는 이유로 고센 땅에는 재앙이 내리지 않았습니다.

고센을 향해 가면서 든 생각을 먼저 나눕니다. 1번 넓다, 2번 평원이다, 3번 비옥하다, 4번 좋다. '하나님이 이스라엘 백성을 위해 참 좋은 땅을 주셨구나' 하는 생각을 했습니다. 광야의 이스라엘 백성들이 애굽에서 먹던 것들을 회상하며 불평한 대목이 있는데 '그럴 수 있겠다' 이해가 됐습니다. 고센은 달려도 달려도 산이 보이지 않았습니다. 작은 언덕도 없었습니다. 몽골의 평원처럼 깎아 놓은 것 같지는 않았지만, 그야말로 끝없이 지평선이 이어졌습니다. 그곳이 다 밭입니다. 나일강 지류는 고센 땅 곳곳을 적시고 있었습니다. 2월이면, 이곳도 겨울입니다. 그럼에도 푸른 밭이 계속 이어졌습니다. 넓은 망고 농장도 있고, 오렌지와 토마토 등 각종 열매가 눈에 들어왔습니다.

넓고 비옥한 고센 평원

길가에 큰 트럭을 세워 놓고 토마토를 상자 단위로 파는 노점이 있어 차를 세웠습니다. 제가 워낙 토마토를 좋아해서, 그냥 지나칠 수가 없었습니다. 한 상자를 샀습니다. 우리 돈 2천 원. 우와, 놀라웠습니다. 이동 중에 먹었는데, 얼마나 맛있던지요. 이 한 박스를 우리 팀이 며칠에 걸쳐 맛있게 먹었습니다.

밀밭도 지나고 땅콩밭도 지났습니다. 그냥 지날 수 없어 차를 세우고 카메라에 담았습니다. 도로 곳곳에서 통행료를 받는데, 그 앞에 땅콩을 작은 비닐봉지에 담아 파는 현지인이 있었습니다. 우리 팀이 렌트한 승합차 운전기사가 땅콩을 우리 수만큼 사줬습니다. 한 봉지에 100원. 얼

고센 땅을 지나는 성경지리연수 팀을 멈추게 한 토마토. 한 상자에 2천 원.

마나 고소하던지 단숨에 한 봉지를 게 눈 감추듯이 먹었습니다. 고센에 가면 망고를 먹어야 한다는 이야기를 들었지만, 망고 철이 아니라 그 경험은 하지 못했습니다.

고센에서 '짚성'을 만났습니다. 짚을 성처럼 쌓아 놓은 곳이 곳곳에 있었습니다. 출애굽기를 보면, 이스라엘 백성들이 벽돌을 만들 때 짚을 넣고 만들었습니다. 처음에는 애굽 정부에서 짚을 주다, 나중에는 이스라엘 백성들에게 짚을 구해 동일한 수량의 할당된 벽돌을 만들어 내라고 했지요. 우리 팀이 짚성 앞에 이르자, 탈곡을 하던 청년들이 반갑게 우리를 맞아 주었습니다.

고센에서 만난 짚성

고센에서 만난 양을 치는 어린 목동

　고센에서 양을 치는 어린 목동도 만났습니다. 소년은 당나귀를 타고 양을 몰기도 했는데, 그 모습을 보며 종으로 이 땅에 팔려 왔던 요셉 생각이 잠깐 났습니다.

고센은 지금도 목축업을 하기에 최적의 땅입니다. 소를 포함한 짐승의 먹이를 재배한다는 소리를 여기서 생전 처음 들었습니다. 자동차를 타고 가다 황 선교사님이 넓고 푸른 밭 앞에 차를 세웠습니다.

이건 보고 가야 한다며. 황 선교사님은 이 밭이 바르심이라는 이름의 짐승 먹이를 재배하는 밭이라고 했습니다. 바르심을 수확하던 현지인들이 반갑게 우릴 맞아 주며 카메라 앞에서 수확하는 장면을 재연해 주기도 했습니다.

고센 땅에서 바르심을 먹고 있는 말들

아바리스와 피람세스를 향해

고센 땅에서 첫 목적지로 정한 곳은 아바리스Avaris 입니다. 아바리스는 고대 이름입니다. 아바리스는 힉소스 왕조의 수도입니다. 당시 남쪽 테베는 여전히 이집트인 출신 바로가 통치하고 있었습니다. 우리는 힉소스 때 수도를 찾아갔습니다. 차가 농로로 접어들었습니다. 내비게이션이 우회전을 하라고 해서 작은 다리를 건넜습니다.

photo by Sung backchel

내비게이션은 사진에서 보이는 밭 뒤에 있는 마을을 목적지라고 표시했습니다. 저기가 아바리스입니다. 좁은 길을 따라 내비게이션이 인도하는 대로 갔습니다. 목적지에 도착해 내비게이션 안내를 듣고 차를 세웠는데 아무것도 없었습니다. 동네가 있고 아주 살짝 봉긋한 공터 위에서 내비게이션은 목적지가 여기라고 하고 안내를 중단했습니다. 표나게 당황했습니다. "여기가 아바리스…" 허름한 벽돌로 지은 것이 하나 눈에 들어왔는데, 용도는 잘 모르겠습니다. 저는 당황한 나머지, 카메라 드는 걸 잊었습니다. 여기 사진이 없다는 걸, 나중에서야 사진을 정리하다 알았습니다.

성 목사님이 이동하지 않은 채로 마을 쪽 건물을 카메라에 담았습니다. 혹시 잘못 찾아온 것은 아닌지 당황하며 살피는 중에 동네 아이들이 하나둘 오더니 분위기가 금방 동네 아이들이 다 올 기세였습니다. 철수를 결정했습니다. 재난구호를 하면서 몸에 밴 습관입니다. 구호 차량이 이재민들에 의해 통제할 수 없는 상황에 이르지 않도록 하는 것, 그것이 현장에선 중요합니다. 이미 마을 안 지표면에는 고대 유적이 없다는 것을 알고 온 상태라, 서둘러 돌아섰습니다.

아바리스를 나와 향한 곳은 피람세스 Pi-Ramesses 입니다. 이곳은 요셉이 그 땅에 내려갔을 때는 람세스였고 훗날, 그 이름이 피람세스가 되어 오늘까지 이어지고 있습니다. 피람세스와 바로 붙은 곳에 콴티르가 있어, 이곳을 콴티르라고 부르기도 하고 글에는 피람세스(콴티르)라고 쓰기도 합니다. 피람세스 역시 현재 지표면에 남아 있는 유적은 거의 없습니다. 정감 있는 현대 도시 마을이 거기 있을 뿐입니다.

  피람세스에 도착하니 동양에서 온 우리가 신기한지 동네 아이들이 몰려왔습니다. 우리는 동네 입구에 있는 카페를 빌려 도시락을 먹었습니다. 물론 커피와 차는 카페에서 주문하기로 하고 주인의 허락을 받고 한 일이지요. 점심을 먹는 동안 동네 아이들이 빙 둘러 우리를 지켜보았습니다. 아이들이 가까이 오면, 카페 주인을 비롯한 어른들이 일정 거리로 물러서도록 자원해 '보안요원'이 되어 줬습니다. 핸드폰을 꺼내 연신 우리를 촬영하는 아이도 있었습니다. 그중 어떤 아이들은 우리에게 같이 사진을 찍자고 했습니다. 동행한 아내가 동양에서 온 '모델'로 봉사를 했는데, 줄을 서서 사람들이 같이 사진을 찍었습니다. 아, 연예인이 이런 기분이겠구나 하는 것을 우리 팀은 몸으로 경험했습니다.

  피람세스에서 우리가 한 일은 점심을 먹은 것이 다입니다. 아바리스도, 피람세스도, 고대 흔적과 건물은 다 땅속에 있습니다. 사람 몸을 찍는 엑스레이와 같이 땅속을 찍는 스캐너가 있는 모양입니다. 학자들이 그걸로 아바리스와 피람세스를 스캔했는데, 땅속에 그 오래전 역사가 묻혀 있다고 합니다. 굴착 발굴도 병행하고 있는데 발굴이 끝나면 다시 묻는 방식으로 보존하고 있다고 하네요. 아바리스와 피람세스를 가면 그 땅 위에 집을 짓고 사는, 오늘을 사는 사람들만 볼 수 있습니다.

재활용의 도시 타니스

피람세스에서 점심을 먹고 우리는 타니스로 갔습니다. 타니스는 피람세스에서 20킬로미터 정도 떨어져 있습니다. 이곳은 다행히 고대 흔적과 유물이 땅 위에 있었습니다. 이집트 정부가 고대 유적지로, 상당한 돈을 들여 만들어 놓았지만, 사람이 눈에 보이지 않았습니다. 우리 팀이 갔을 때가 오후인데, 우리가 이곳을 방문한 두 번째 팀이라고 했습니다.

문도 닫혀 있고, 조명도 꺼 놓았다가 우리가 들어서자 문을 열고 전등도 켰습니다. 입장료를 좀 넉넉히 냈습니다. 우리가 돌아보고 있는 사이, 어디선가 자신을 가이드라고 소개한 이집트인이 숨을 헐떡이며 달려왔습니다. 그는 능숙하게 설명을 시작했습니다. 오랜만에 붙잡고 물을 사람이 생겨 신이 났지만, 몇 가지를 묻다 더는 묻지 않았습니다. 그는 거듭 거기서 이스라엘 백성이 출애굽을 했다고 힘줘 말했지만, 실은 그곳은 성경에 '소안'으로 나온 곳입니다. 그 이야기를 하자 목소리 톤이 이전보다는 살짝 낮아졌지만, 그는 여전히 그 안에서 요셉과 모세와 출애굽을 다 설명했습니다.

타니스는 21왕조 후반부에 건축을 시작해 22왕조 때 수도로 사용한 곳입니다. 피람세스가 발굴되기 전까지, 이곳은 소안이 아니라 람세스로 소개된 곳입니다. 30여 년 전에 이집트를 방문했다면, 이곳이 람세스라는 설명을 들었을 가능성이 있습니다. 지금도 자료들을 살피다 보면,

이곳을 람세스라고 하는 문서들이 꽤 있습니다. 이곳엔 고대 유물이 꽤 많았습니다. 21왕조가 타니스를 건설하면서, 콴티르에 있는 모든 돌을 다 가져다 재활용했습니다. 제가 타니스를 '재활용 도시'라고 하는 이유입니다.

타니스에서 석관 뚜껑에 관과 상관없는 글씨가 암각된 것을 눈으로 보았습니다. 이런 연유로 발굴 초기에는 타니스를 피람세스로 오해하는 해프닝도 있었습니다. 여기서 알 수 있는 한 가지는 애굽의 바로가 힘이 많이 빠진 것입니다. 힘이 있다면 아스완에서 돌을 새로 실어다 쓸 수도 있었겠지요.

타니스에 전시된 석관 뚜껑. 누가 봐도 재활용한 흔적이 남아 있다.

아바리스, 피람세스, 타니스. 이 세 곳이 다 고센 땅 안에 있습니다. 그곳에 바로의 왕궁이 하나둘 나타났습니다. 힉소스 왕조 때는 아바리스에 바로의 왕궁이 있었습니다. 21왕조와 22왕조 때는 타니스에 바로궁이 있었습니다. 이 두 곳이 당대 수도였습니다. 고센 땅에서 바로궁은 찾았는데, 우리의 관심 시기인 출애굽 때 바로궁은 아직 찾지 못했습니다.

황원주 선교사님도 고센의 람세스는 경제적으로 군사적으로 중요한 요충지이기 때문에 어느 바로이든 이 지역에 신경을 많이 써야 했을 것이라며, 어느 시대든 이곳에 바로의 왕궁이 있었을 것이라고 했습니다. 저도 전적으로 같은 의견입니다. 유병성 목사님이 신약성경에 이와 유사한 예가 있다고 했습니다.

당시 로마의 식민지인 유대에는 로마 총독이 주재했습니다. 예수님 때 총독은 빌라도입니다. 빌라도는 평소에는 지중해 해안가에 있는 가이사랴 집무실에서 업무를 처리합니다. 그가 예루살렘에 올라와 집무할 때가 있습니다. 예루살렘에 그의 집무실이 있습니다. 그걸 '빌라도의 관정'이라고 부릅니다. 예수님 재판할 때 기사를 보면 이 관정이 나옵니다. "이에 빌라도가 다시 관정에 들어가 예수를 불러 이르되 네가 유대인의 왕이냐"요 18:33라고 할 때입니다. 관정은 빌라도의 예루살렘 집무실입니다. 반대로 헤롯에게도 가이사랴에 관정이 필요했습니다. 왕인 헤롯이 가이사랴에 가서 집무할 때도 있기 때문입니다. 사도행전은 이 헤롯의 관정을 "헤롯궁"행 23:35이라고 부릅니다.

이와 마찬가지로 룩소르가 수도일 때 애굽을 통치한 어느 바로에게도 북쪽 고센에 집무실이 필요했습니다. 가이사랴에 있던 헤롯의 집무실을 헤롯궁이라고 한 것처럼, 고센에는 바로의 집무실이 어딘가에 있어야 했습니다. 이 집무실을 '고센의 바로 집무실', 고센의 '바로궁' 등으로 부를 수 있습니다.

고센 어느 지역이든 이곳에 바로의 왕궁을 둬야 하는 다른 이유로, 황 선교사님은 애굽의 날씨를 들었습니다. 룩소르는 여름에 무척 덥습니다. 이번에 룩소르에서 잠깐 차를 같이 탄 이집트인 가이드가 우리에게 여름엔 룩소르에 오지 말라고 힘줘 당부했습니다. 이런 연유로 황 선교사님은 고센에 바로의 왕궁이 반드시 있어야 한다고 강조했습니다.

지금 당장 우리 눈에 보이지 않지만, 우리 손으로 만질 수 없지만, 하나님은 이스라엘 백성을 애굽 인큐베이터에 넣어 430년을 지내게 하시면서 그들을 민족으로 만드신 후에 출애굽시키셨습니다.

성경보다 더 확실하고 분명한 증거가 어디 있겠습니까. 우리는 그 증거를 손에 들고, 마음으로 믿고, 오늘도 출애굽의 하나님을 나의 하나님, 우리의 하나님으로 믿습니다. 출애굽 때 고센 땅에 바로궁이 있었을 거라는 것도 같은 관점에서 우리는 믿습니다.

한국에서
이어진
바로궁 찾기

이집트 성경지리연수를 마치고 로마를 들러 귀국했습니다. 고센 바로궁이 어렴풋이 잡히긴 하는데, 잡으면 뭉게구름입니다. 서울에서 추가 공부를 했습니다. 차분히 자료를 찾아보며 머리를 정리하고 나름 그림을 그렸습니다. 짧은 시간에 이집트 역사를 먹고 그 땅을 먹었습니다. 소화를 시켰습니다. 그걸 이제 제 말로 적어 보려고 합니다.

이집트 역사는 깁니다. 앞서 첨부한 (p.176) 왕가의 계곡 입구에 게시된 이집트 왕조 연대표에서 보듯이, 이집트 역사는 주전 3100년에 시작됩니다. 이집트 마지막 바로는 우리가 잘 아는 클레오파트라 7세입니다. 일반적으로는 7세를 떼고 그냥 클레오파트라라고 하지요. 그녀가 죽고 주전 30년, 애굽은 로마의 속주로 편입됩니다. 이 나라의 역사가 길다 보니 초기왕조, 고왕국, 중왕국, 신왕국, 말기왕조 등으로 구분합니다.

이집트는 도시마다 통치자가 있는, 그런 도시 국가 형태였습니다. 그러다 보니, 애굽에는 당연히 왕이 많을 수밖에 없지요. 도시마다 왕 한 명씩 있었으니 말입니다. 그러다 도시 국가 중에 힘이 좀 센 도시 국가가 그 옆 도시 국가를 점령하는 일이 생겼겠지요. 그러면서 이집트는 도시에서 국가 형태로 발전했습니다.

이집트 지도(p.197, 214 참조)를 보면 착각하기 쉬운 것이 마치 지중해 물이 그 아래로 흐르는 것 같이 보입니다. 북쪽에서 남쪽으로 물이 흐르는 것이 익숙해 그런지 모릅니다. 나일강 물은 남쪽에서 북쪽으로 흐릅니다. 지도에서 보면, 아래서 위로 흐릅니다. 고대 이집트를 상이집트와 하이집트로 나눕니다. 이럴 때 당연히 상이집트를 북쪽으로 하이집트를 남쪽으로 생각하기 쉬운데, 반대입니다. 지면의 높이가 기준입니다. 남쪽이 높습니다. 룩소르라고 불리는 옛 지명으로는 테베가 있는 그곳이 상이집트고 카이로 그 위쪽이 하이집트입니다. 상이집트에 있는 한 도시 국가가 주변 도시 국가를 정복하고 흡수하며 세를 확장했습니다.

이다음 행보는 예상대로입니다. 상이집트의 바로가 하이집트를 정복하며 이집트를 하나로 통일합니다. 이때부터를 이집트 초기왕조라고 합니다. 이때 수도는 멤피스(현재 카이로 시내에서 약 30km 남쪽에 위치함)였습니다. 멤피스는 상이집트의 북쪽 끝이라고 할 수 있습니다. 멤피스는 1000여 년간 이집트 수도였습니다. 9왕조 때 수도를 헤라클레오폴리스(현재 카이로에서 약 200km 남쪽에 위치한 현대 도시 베니 수에프 근방)로 천도합니다. 헤라클레오폴리스는 10왕조까지 수도였습니다. 중왕국과 신왕국 사이를 제2중간기라고 하는데, 이때 힉소스가 침입해 하이집트와 중이집트를 100여 년간 통치합니다. 이때 수도로 삼은 곳이 아바리스입니다. 힉소스를 몰아낸 중왕국이 시작되면서 수도는 테베, 곧 룩소르로 옮겨집니다. 중간에 수도가 테베에서 아마르나로 잠시 옮겨졌으나, 천도를 주도한 바로가 죽자 다시 수도는 테베로 환원되었습니다. 람세스 2세 때까지 19왕조 수도는 룩소르입니다. 람세스 2세 이후 19왕조와 20왕조는 멤피스를 수도로 삼았습니다. 21왕조 때는 타니스를 건설해 수도로 삼았습니다. 22왕조 바로 등 몇 명의 무덤이 이곳에서 발굴되었습니다.

쓰는 것도 힘들지만, 읽기도 힘들지요. 남의 나라 수도 이전 이야기를 장황하게 한 이유가 있습니다. 앞에서 이야기한 것처럼, 성경을 보면 바로의 궁정이 고센에서 멀지 않은 곳이어야 합니다. 그런데 이집트 역사에는 당시 수도가 룩소르, 곧 테베입니다. 고센에서는 800킬로미터 이상 떨어진 곳입니다.

이번 성경지리연수 때 아바리스, 피람세스(콴티르), 타니스를 답사했습니다. 이곳은 모두 수도와 관련되어 있습니다. 이 세 곳은 다 고센에 있습니다. 타니스는 출애굽 후에 세워진 도시니, 그냥 넘어가도 됩니다. 아바리스는 요셉이 종으로 팔려 가 애굽 총리가 되었을 때의 바로궁을 찾을 때 관심을 끌만한 곳입니다. 피람세스는 출애굽 때 수도와 관련해 많은 사람이 관심을 두는 곳입니다.

아바리스, 피람세스(콴티르), 타니스가 표시된 이집트 지도

피람세스를 인터넷에서 검색하면 대부분 다음과 같이 설명하는 자료들이 나옵니다.

피람세스(Pi-Ramesses, '람세스의 집'을 의미)는 제19왕조 파라오 람세스 2세(기원전 1279~1213년)가 옛 아바리스 지역 근처의 콴티르에 건설한 새로운 수도였다. 이 도시는 세티 1세(기원전 1290~1279년경) 치하에서 여름 궁전으로 사용되었으며, 호렘헤브 치하에서 복무하던 람세스 1세(기원전 1292~1290년)가 세웠을 수도 있다.

Pi-**Ramesses** (also known as Per-Ramesses, Piramese, Pr-Rameses, Pir-Ramaseu) was the **city** built as the new capital in the Delta region of ancient **Egypt** by **Ramesses II** (known as The Great, 1279-1213 BCE). It was located at the site of the modern town of Qantir in the Eastern Delta and, in its time, was considered the greatest city in Egypt, rivaling even **Thebes** to the south. The name means 'House of Ramesses' (also given as 'City of Ramesses') and was constructed close by the older city of Avaris.

여기서 중요한 사실 하나를 짚고 넘어가야 합니다. 피람세스가 람세스 2세가 만든 수도냐 하는 겁니다. 18왕조와 19왕조 람세스 2세 때까지, 애굽의 수도는 룩소르였습니다. 그렇다면 람세스 2세 때는 수도가 둘이 됩니다. 룩소르에 하나, 고센 땅 피람세스에 하나. 이러면 나라도 통일이 되어 하나이고 바로도 하나인데 수도는 둘이 됩니다.

피람세스가 람세스 2세가 만든 새로운 수도라는 이 설명대로라면, 일단 고센 땅에 수도가 있는 것이니 이때 이스라엘 백성이 출애굽을 하면, 금상첨화입니다. 출애굽기가 말하는 내용과 아주 잘 맞습니다. 더군다나 출애굽기에 바로가 이스라엘 백성을 동원해 비돔과 라암셋을 건축하니, 그냥 맞아 보입니다. 이때 건축한 라암셋이 바로 피람세스가 되니 말입니다.

그러나 람세스 2세 때 출애굽한 것으로 하면 성경과 연도 차이가 생깁니다. 성경에는 출애굽과 관련해 480년과 430년이란 두 숫자가 있습니다. 성경은 솔로몬이 성전 건축을 시작한 때를 "이스라엘 자손이 애굽 땅에서 나온 지 사백팔십 년"(왕상 6:1)이라고 적어 놓았습니다. 또한 출애굽을 할 때, 그날을 성경은 "이스라엘 자손이 애굽에 거주한 지 사백삼십 년"(출 12:40)이라고 적었습니다. 이 둘을 합한 910년을 넣고 연도를 계산하면 출애굽은 람세스 2세 때가 아닙니다.

성경대로라면, 고센에 바로의 궁이 있어야 합니다. 910년을 넣고 출애굽 때를 계산하면, 그때는 고센이 수도가 아닙니다. 그때 수도는 룩소르입니다. 그래서 고민이 되고, 그래서 고센에서 바로궁을 찾아 나선 겁니다.

타니스에서 찾은 확신

저는 '출애굽 때 수도가 고센이 아니라 룩소르에 있었다, 곧 고센에 바로궁이 없었다'는 문제를 풀어 나가며 이름은 무엇이든 상관없지만, 북쪽 고센에 바로의 집무실이 있었다고 주장했습니다. 그 이름이 출장소든, 관정이든, 집무실이든, 북쪽에 있는 왕궁을 줄여 부른 북궁이든 고센에 바로가 거주할 수 있는 곳이 있어야 한다고 주장했습니다.

지리적으로 룩소르는 너무나 먼, 저 남쪽에 있습니다. 당시 하이집트 서쪽에서도 적들의 공격이 있었지만, 동쪽에서 적들의 공격이 많았습니다. 그런데 북쪽에 바로의 집무실이 없다, 이것은 상식적으로 맞지 않는다고 생각했습니다. 그래서 앞 장 "고센 땅으로 바로궁을 찾으러 가다"에 헤롯의 관정과 빌라도의 관정을 예로 들며, 북쪽에 바로의 관정이 있었을 것이라고 힘줘 썼습니다.

주장은 할 수 있으나, 근거가 없으면 그 주장은 지지를 받지 못합니다. 근거가 필요했습니다. 현지에서도 찾았고, 돌아와서도 그 근거를 찾고 찾았습니다. 2025년 3월 2일, 주일을 앞둔 토요일 밤, 타니스에 갔을 때, 그곳에서 찍어온 사진을 보다 눈이 번쩍 띄었습니다. 그중 한 부분을 읽다가 무릎을 '탁' 쳤습니다. 거기 키가 있었습니다. 거기 근거가 있었습니다. 안내판에 있는 내용을 번역기를 돌려 보다, 늦은 밤이지만 영어에 능한 윤사무엘 전도사님에게 한 번 더 봐달라고 보냈습니다. 윤 전도사님이 보내온 것을 가지고 제가 마무리한 번역 내용을 같이 봅니다.

TANIS – A NEW CAPITAL

The vast city of Tanis, known as San el-Hagar in Arabic, was founded at the very end of the second millennium BC in the northeast of the Nile Delta. The city was most probably conceived from the outset as a duplicate of Thebes (Luxor) in Upper Egypt, thus earning it subsequently the nickname of the "Thebes of the North".

At that time hydrological changes in the region had contributed to the decline of the old 'northern residence' of the Ramesside kings, Pi-Ramesse (*Qantir*), located some twenty kilometres further south, near the ancient capital of the Hyksos kings, Avaris (*Tell el-Dab'a*). The gradual silting up of the so-called Pelusiac branch of the Nile, which had watered those cities, had considerably reduced the operational capability of the major riverine port that was situated there and had served as the principal base for expeditions into and trade with the Eastern Mediterranean. It was at Tanis, on the neighbouring arm of the river, the so-called Tanitic branch, that the rulers of the 21st Dynasty (1069-943 BC) chose to establish their residence and new port, not far from ancient coastal lagoons. The city was built on a large natural sandy elevation, sufficiently broad and high to accommodate an extensive urban development and protect it from the annual Nile flood.

From their new capital, the pharaohs of the Third Intermediate Period (11th-8th century BC) reigned primarily over Lower Egypt, and occasionally over the entire country. Several of them, of the 21st and 22nd Dynasties, would choose this city as their final resting place. By the time of the 26th Dynasty (7th-6th century BC) the town had become more modest in scale as power shifted to Sais in the western Delta, but it remained nonetheless an important metropolis that would be occupied for another 1000 years until finally abandoned at the end of the Byzantine era.

The city's temples were dedicated to the gods Amun-Ra, Mut and Khonsu – the Theban Triad – but also at a later date to Horus, an important god of the eastern Delta. The religious enclosures were surrounded by a large settlement covering more than 200 hectares. The high mounds of the present-day, created by the accumulation of multiple construction and occupation phases throughout the long history of the place, compose its major vestiges, eroded by the elements over the centuries since abandonment.

The stone temples here suffered severe damage from late antiquity onwards, and their scattered remnants have given the ruins, as well as the current neighbouring locality, their modern name of San al-Hagar, "Tanis of the Stones". The site was identified in the 18th century and has been the object of numerous excavations, mainly by French archaeological missions, throughout the 19th and 20th centuries. These explorations continue to this day under the supervision of the Egyptian Ministry of Tourism and Antiquities in collaboration with the *Mission Française des Fouilles de Tanis (MFFT)*.

Plan général du site archéologique de Tanis
1. Aire sacrée d'Amon-Rê
2. Aire sacrée de Mout
3. Aire sacrée d'Amon d'Opé
4. Aire sacrée d'Horus (époque ptolémaïque)
5. Quartiers d'habitat antique
● **Vous êtes ici**

General plan of the archaeological site of Tanis
1. Sacred area of Amun-Ra
2. Sacred area of Mut
3. Sacred area of Amun of Ope
4. Sacred area of Horus (Ptolemaic period)
5. Ancient settlement
● **You are here**

타니스에 있는 안내판 중 하나

타니스 – 새로운 수도

아랍어로 산 엘-하가르로 알려진 거대한 도시 타니스Tanis는 기원전 2천년대 말, 나일강 삼각주 북동부 지역에 세워졌다. 이 도시는 처음부터 상이집트의 테베(룩소르)를 복제한 형태로 계획되었을 가능성이 높으며, 이후 '북쪽의 테베'라는 별명을 얻게 되었다.

당시 이 지역의 수로 변화(나일강 지류가 바뀌어 배가 더는 다닐 수 없게 된 상황_역자 주)로 인해 **람세스 왕조의 옛 '북궁**northern residence**'인 피-람세스**(콴티르)가 쇠퇴하게 되었다. 피람세스는 고대 힉소스Hyksos 왕조의 수도였던 아바리스(Avaris, 현재 텔엘-다바 Tell el-Dab'a) 근처, 약 20km 남쪽에 위치해 있다. 그러나 이 도시를 적셨던 나일강 펠루시아Pelusiac 지류가 점차 퇴적되면서, 이 지역의 주요 강 항구가 기능을 잃게 되었고, 그로 인해 동지중해로의 원정과 무역의 중심지 역할도 약화되었다.

이에 제21왕조(기원전 1069~943년)의 통치자들은 이웃한 나일강 지류인 타니틱Tanitic 지류를 따라 새로운 수도와 항구를 건설하기로 결정했다. 이곳은 고대 연안 석호와도 가까운 위치였다. 타니스는 넓고 높은 천연 모래 언덕 위에 세워졌으며, 이를 통해 대규모 도시 개발이 가능했을 뿐만 아니라, 나일강의 연례 범람으로부터 도시를 보호할 수 있었다.

이 새로운 수도에서 제3중간기(기원전 11~9세기)의 파라오들은 주로 남부 이집트를 통치했으며, 때때로 이집트 전역을 다스리기도 했다. 제21왕조와 제22왕조의 몇몇 파라오들은 타니스를 자신의 영원한 안식처로 선택하여, 이곳에 무덤을 남겼다.

왼쪽의 타니스 안내판을 한글로 번역한 것이다.

볼드체로 표시한 바로 이 부분 "람세스 왕조의 옛 '북궁 northern residence'인 피-람세스(콴티르)"가 제 가슴을 뛰게 했습니다. 제가 그렇게 찾고 싶었던 표현이 여기 있습니다. 타니스의 안내판에 있는 영문은 다음과 같습니다.

At that time hydrological changes in the region had contributed to the decline of the old 'northern residence' of the Ramesside kings, Pi-Ramesse(Qantir).

이 설명에서 보듯이 피람세스는 새로운 수도가 아닙니다. 이 설명판에는 람세스 2세가 건축했다는 말도 없습니다. "람세스 왕조의 옛 '북궁'인 피-람세스(콴티르)"라고만 되어 있습니다. 람세스 왕조라면, 아래 연대기에서 보듯 이집트 19왕조와 20왕조입니다.

이집트 제19왕조	1293-1185 BC	람세스 1세	1293-1291 BC
		세티 1세	1291-1278 BC
		람세스 2세	1278-1212 BC
		메르넵타	1212-1202 BC
		아멘메세스	1202-1199 BC
		세티 2세	1199-1193 BC
		시프타	1193-1187 BC
		타우저트	1187-1185 BC
이집트 제20왕조	1185-1070 BC	세트나크테	1185-1182 BC
		람세스 3세	1182-1151 BC
		람세스 4세	1151-1145 BC
		람세스 5세	1145-1141 BC
		람세스 6세	1141-1133 BC
		람세스 7세	1133-1126 BC
		람세스 8세	1126 BC
		람세스 9세	1126-1108 BC
		람세스 10세	1108-1098 BC
		람세스 11세	1098-1070 BC

피람세스(콴티르)는 람세스 왕조의 북궁입니다. 람세스 왕조는 19왕조 람세스 1세를 필두로 20왕조 마지막 람세스 11세까지 이어집니다. 이 람세스 왕조의 북쪽에 있는 궁이 피람세스입니다. 피람세스는 람세스의 집이라는 뜻입니다. 람세스 왕조의 바로들은 수도인 룩소르(19왕조 람세스 2세대 때까지)와 멤피스(람세스 2세 이후와 20왕조 때 수도)에 있는 왕궁과 북쪽에 있는 이 왕궁(북궁)을 오가며 애굽 전역을 통치했습니다.

이때뿐 아니라 애굽의 모든 바로는 수도가 어디든, 그들은 람세스 왕조처럼 북쪽 고센에 북궁 northern residence을 두고 있었습니다. 언제 어느 때도 고센엔 바로의 궁이 있었습니다.

타니스에서 이 답을 찾다니, 그것도 연구월을 마치고 맞는 첫 주일(2일)의 새벽에…. 큰 선물입니다. 사실 타니스는 출애굽 이후에 만든 재활용 도시(피람세스의 모든 것을 가져다 지어서 제가 붙인 별명)라 별 관심을 두지 않았습니다. 타니스는 21왕조가 피람세스에 있는 쓸만한 것을 다 가져다 재활용해서 건축한 도시로, 21왕조의 수도입니다. 거기서 이 문제를 여는 키를 발견했습니다. 근거가 없이 주장만 할 수는 없습니다. 그런데 고센에 바로궁이 있었다는 확실한 근거를 찾으니, 늦은 밤이지만 기쁘기 그지없습니다. 고센에 바로의 궁이 있었다는 이 기쁜 소식을 어서 빨리 전하고 싶습니다.

성경은 하나님의 말씀입니다. 성경은 진리입니다. 요셉이 애굽으로 내려갔을 때나, 이스라엘 백성들이 출애굽을 할 때나, 고센 땅에 바로의 궁이 있었습니다. 모세와 이스라엘 백성이 어느 바로 때 출애굽을 했더라도, 고센엔 바로의 북궁이 있었습니다. 혹여 이집트를 방문하는 중에 저처럼 당황하거나, 이것 때문에 고개를 갸우뚱하다 넘어지는 일 없기를 바랍니다.

추신 1.
피람세스는 이집트 신왕국 19, 20왕조인 람세스 왕조의 북궁입니다

피람세스가 수도가 아니라는 것은 밝혀졌습니다. 수도는 아니지만, 이곳에서 바로들이 통치한 흔적은 남아 있습니다. 이제 우리는 여러 자료에 있는 것처럼 피람세스를 람세스 2세가 건설한 것인가를 살펴보려고 합니다.

고센 안에 있는 타니스에 갔을 때, 이집트 정부가 만든 안내판에는 피람세스를 람세스 2세가 건설했다는 말이 없습니다. 물론 새로운 수도라는 말도 없습니다. 단지 '람세스 왕조의 옛 북궁인 피–람세스(콴티르)'라고만 되어 있습니다.

피람세스가 발굴되면서, 여기서 람세스 2세와 관련된 여러 유물이 발굴되었습니다. 더 정확하게 표현하면 '타니스를 발굴하면서'라고 해야

합니다. 피람세스에 있던 쓸만한 것을 대부분 가져다 21왕조가 근처에 타니스를 건설하고 수도로 삼았습니다. 당연히 훗날 타니스를 발굴할 때 람세스 2세 관련 유물이 많이 나왔습니다. 지금도 그 유물은 상당수가 거기 있습니다. 타니스에 가서 보고 사진도 촬영해 왔습니다.

발굴 초기에는 고고학계에서 타니스를 피람세스로 오해하고 한동안 그렇게 부르기도 했습니다. 우리말로 된 저술이나 번역한 이집트 관련 책을 몇 권 사서 보는데, 그중 타니스를 피람세스로 묘사하는 책이 있는 것을 제 눈으로도 확인했습니다.

지금은 타니스가 피람세스에서 쓸만한 것을 다 가져다 재활용한 것으로 굳어졌습니다. 타니스에서 발견된, 그래서 지금 타니스에 전시된 람세스 2세 관련 유물은 원래 피람세스(콴티르)에 있던 것입니다. 이런 연유 때문에 피람세스를 가리켜 람세스 2세가 세운 새로운 수도라는 말이 회자한 것 같습니다.

지금은 이집트 정부가 타니스 안내판에 적어 놓은 것까지지만, 피람세스를 정의할 필요가 있습니다. 람세스 2세가 피람세스를 건설했다는 말은 그곳에서 람세스 2세 유물이 많이 나왔고 람세스 2세가 그곳에 머물며 국정을 본 기간이 길어 생긴 말일 수 있습니다. 물론 람세스 2세가 피람세스에 이런저런 시설이나 후대에 남겨진 자신을 드러내는 유물을 설치한 것은 맞습니다. 람세스 2세가 피람세스를 확장했다는 표현이 적절할 수 있습니다. 그의 아버지 세티 1세도 즉위 초기 이 피람세스에서 집무했습니다.

잘 알듯이, 람세스 2세는 이집트 바로 중에 유명한 바로입니다. 그는 67년을 통치했고, 90세가 넘은 나이에 죽었습니다. 현재 그의 미라는 국립 이집트문명박물관에 전시되어 있습니다. 미라 전시관을 관람할 기회가 있다면, 여러 미라 중 기골이 장대하고 머리카락이 남아 있는 남성 미라를 볼 수 있는데 그 미라가 람세스 2세입니다.

이집트에서 유명한 바로를 꼽으라면 람세스 2세가 빠지지 않을 것입니다. 여기에 더해 황금 마스크를 비롯한 부장품이 도굴되지 않은 채로 100여 년 전에 발굴된 투탕카멘도 있습니다. 그는 9살에 즉위해 18살에 죽은 비운의 바로입니다. 그리고 마지막 바로인, 우리는 흔히 '클레오파트라'라고 부르는 클레오파트라 7세가 아닐까 싶습니다.

람세스 2세는 히타이트와 결전을 벌인 바로로 유명합니다. 이 전쟁은 무승부라고 설명됩니다. 승자가 없이 전투를 계속 이어가다 결국은 양측이 평화조약을 맺었습니다. 람세스 2세는 건축가로도 유명합니다. 이집트 전역에 있는 유명하다는 신전에 그의 이름이 들어간 방이나 부조 벽화나 열주나 탑문이나 오벨리스크가 있습니다. 그는 자기 이름과 업적을 남기는 일에 과하게 몰입한 면도 있습니다. 이집트는 돌이 그렇게 풍부한 나라가 아닙니다. 대리석은 아스완에서 배로 실어와야 합니다.

그러다 보니, 람세스 2세 같은 경우 선대 바로들이 남긴 건축물을 자기 신전을 짓는 원자재 창고처럼 쓰기도 했습니다.

아부심벨에 있는 두 신전, 카르낙 신전에 있는 람세스 1세 때 착공한 거대한 원기둥 열주 완공, 아비도스의 묘실, 멤피스에 있는 거대한 조각상, 테베(룩소르) 왕가의 계곡에 있는 거대한 왕릉, 룩소르 신전의 수많은 장식품 등 이것은 이집트 역사 관련 책들이 소개하는 람세스 2세가 건축한 주요 건축물들입니다. 이 중에 피람세스가 들어 있는 경우는 아직 보지 못했습니다. 피람세스에서 나온 람세스 2세 관련 유물이 대단해 보이지만, 그의 전체 건축물에 견주어 보면 미미하다는 것입니다.

카르낙 신전에서 보듯이, 애굽의 바로들은 자신의 업적을 카르낙 신전을 비롯한 주요 신전이나 장제전에 부조 벽화나 오벨리스크 등에 새겨 놓는 일을 많이 했습니다. 카르낙 신전의 경우, 유명한 바로들의 부조 벽화를 비롯한 유물 종합 전시장 같습니다. 바로들은 1000년에 걸쳐 계속 카르낙 신전을 확장하며 자신의 업적을 카르낙 신전 곳곳에 새겨 놓았습니다.

카르낙 신전만 이런 것이 아닙니다. 람세스 2세는 애굽 전역에 자기 부조 벽화나 동상 등을 만들어 놓고, 자기 동상을 신상 사이에 만들어 넣기도 했습니다. 람세스 2세는 신으로 불리고, 신으로 대접받기를 원했던 바로입니다. 피람세스에서 발굴된 유물 중에는 람세스 2세가 신으로 묘사된 유물도 있습니다.

피람세스는 람세스 2세가 건설했다고 하기보다 현대 이집트 정부가 타니스 안내판에 써 놓은 대로 "람세스 왕조의 옛 '북궁northern residence' 인 피-람세스(콴티르)"로 정의하는 것이 좋을 듯싶습니다. 피람세스는 그 이름 람세스의 집이란 뜻처럼 람세스 1세를 필두로 람세스 11세까지 북궁으로 사용했다고 볼 수 있습니다.

피람세스는 여름 궁전으로 불리기도 했는데, 여름이면 남쪽은 무척 덥습니다. 룩소르에서 만난 한 현지 가이드는 여름엔 룩소르를 절대 오지 말라고 해서 살짝 당황하기도 했습니다. 사람이 와야 본인도 일을 할 수 있는데, 여름엔 오지 말라니 말입니다. 여름에 그곳을 방문해 보지 않아 실감은 못 했지만, 룩소르는 여름엔 무척 덥답니다. 상대적으로 북쪽은 시원합니다. 바로가 여름이면 피서를 떠나듯 시원한 북궁으로 와서 집무를 본다고 해서 북궁을 여름 궁전이라고 부른 것입니다.

람세스 1세로 시작하는 19왕조 때부터 북부가 지정학적으로 더욱 중요해집니다. 그러다 보니, 19왕조 바로들의 북궁 출장이 장기화 되는 경우도 생겼습니다. 람세스 1세는 북부에서 그의 통치 기간의 초반을 보내기도 했습니다. 람세스 2세도 그랬습니다. 그는 바로로 즉위하고 히타이트를 공격했습니다. 이 전쟁의 장기화로 람세스 2세의 북궁 체류 기간은 늘어났습니다. 이런 여러 가지를 감안하면 18왕조와 19왕조의 바로들의 북궁, 그곳이 피람세스(콴티르)입니다.

추신 2.
아바리스는 이집트 신왕국 18왕조와 그 이전 왕조의 북궁입니다

람세스 1세로 시작하는 19왕조와 20왕조 때 바로들의 북궁(북부 집무실, 북부 거주지, 북부 여름 궁전 등으로 표현할 수도 있다)이 고센에 있었습니다. 이때 바로들의 북궁은 피람세스입니다.

주일 다섯 번의 설교를 하고 돌아와 잠자리에 들어야 하는데, 책상에 앉아 새벽 5시 30분까지 추신1을 마무리했습니다. 이만큼 하고 끝내려고 했습니다. 제가 학자도 아니고 더 깊은 연구는 학자들 몫으로 돌리려고 했습니다. 제19왕조, 20왕조 때 북궁이 있었던 것처럼 그 이전 왕조 때도 수도가 어디이든 바로들의 북궁은 고센에 있었다는 주장으로 글을 마무리했습니다. 근거는 19왕조와 20왕조를 예를 들며, 그것을 제시했습니다.

다음날 12시쯤 일어났습니다. 오늘은 이현준 전도사님 결혼식이 있습니다. 오후 3시 30분에 주례가 있어, 2시에 출발하기로 성백철 목사님

과 약속했습니다. 아침 겸 점심을 먹고 노트북을 열고 출발하기 전까지 추신1을 조금 더 다듬었습니다.

주례를 하러 가면서, 신나게 성 목사님과 지난밤 은혜를 나눴습니다. 주례를 마치고 돌아오는 중에 사역이 있어 성 목사님과 같이 하고 돌아오니 밤입니다. 주문한 몇 권의 이집트 관련 책이 문 앞에 배송되어 기다리고 있어 반가웠습니다. 책을 읽는데, 람세스 왕조 이전의 18왕조, 조금 더 넉넉하게 올라가면 흉년을 피해 애굽으로 이주한 야곱의 자손들이 살던 13왕조(조금 넉넉하게 올라가면 12왕조)에서 17왕조 때도 고센에 바로의 궁전이 있었다는 근거를 몇 개라도 찾아 달아 놓고 싶은 마음이 들었습니다.

2025 성경지리연수를 할 때, 룩소르에서 우리 팀 현지 가이드였던 핫산 씨는 이집트학 전공자입니다. 핫산 씨가 투트모세 3세와 핫셉수트를 설명하는 중에 핫셉수트가 투트모세를 북쪽으로 보냈다는 말을 들은 게 생각났습니다. 황원주 선교사님을 통해 그에게 연락해 그 북쪽이 어딘지, 지명을 좀 알아봐 달라고 부탁했습니다. 그날, 책을 읽다 너무 졸려 좀 일찍 잤습니다. 아침에 눈 뜨기를 바라고 잤는데, 고센의 바로 북궁을 이고 자서 그런지 새벽에 일어났습니다. 그 시각은 상상의 영역으로 남겨 둡니다. 아직 새벽인데 성백철 목사님이 황 선교사님에게 받은 문자와 성 목사님이 찾은 페이퍼 하나를 문자 메시지로 보내 줬습니다. 잠시 살펴보고 다시 눈을 붙인 뒤 순장반을 가려고 파일을 열었습니다.

1996년 런던에 있는 대영박물관 출판사가 출간한 맨프레드 비에탁 Manfred Bietak 교수의 페이퍼인데, 읽으며 동공이 열렸습니다. 찾으면 찾으리라. 성경은 언제나 옳습니다. 찾으면 찾습니다. 페이퍼 표지를 올립니다. 100쪽 정도 되는 그리 크지 않은 발굴 보고서입니다. 서문을 보니, 대영박물관 기금으로 출판되었다는 저자의 감사 인사로 시작합니다. 목차를 보는데 흥분이 되었습니다. 저를 흥분시킨 목차입니다. 판권 페이지도 함께 싣습니다.

Preface – W. V. Davies
Author's Acknowledgements

I. Introduction
II. The planned settlement of the early 12th Dynasty
III. The initial settlement of Canaanites at Tell el-Dab^{c}a
IV. The palace of the early 13th Dynasty and its Asiatic functionaries
V. The expanding Canaanite settlement at Tell el-Dab^{c}a during the 13th Dynasty
VI. The sacred mortuary precinct and cemeteries in the eastern part of the town
VII. The urban development of Avaris shortly before and during the Hyksos period
VIII. Ceramics, trade and historical conclusions
IX. The Hyksos citadel
X. The citadel of the early 18th Dynasty

Notes
References and Bibliography
Plates
Color Plates

아바리스 Avaris는 이번에 제가 다녀온 고센에 있는 한 도시 이름입니다. 이 도시의 고대 이름이 텔엘다바 Tell el-Dab^{c}a입니다. 이 페이퍼는 그 지역에 대한 발굴 보고서입니다. 다음은 이 페이퍼를 요약 소개한 글입니다.

텔엘다바의 발굴 조사에 따르면, 힉소스의 수도였던 아바리스 Avaris는 이집트 12~13왕조 초에 작은 원주민 정착지에서 활기찬 도시로 발전했습니다. 이 책은 비에탁 교수의 강의를 확장하여, 특히 미노아 벽화와 테라 화산 폭발과 관련된 경석과 같은 발견을 통해 강조된 국제 무역 및 문화 교류의 증거를 포함한 풍부한 고고학적 발견을 기록합니다. 이 발견은 아바리스가 이집트와 지중해 동부를 연결하는 중요한 도시 중심지로서의 역할을 더 잘 이해하는 데 도움이 됩니다.

아바리스, 곧 텔엘다바의 유적과 유물은 땅 아래 있습니다. 그 땅 아래 수천 년의 삶의 흔적이 켜켜이 쌓여 있습니다. 각 층마다 발굴되는 유물이 다릅니다. 그 유물을 가지고 이것이 어느 시대 때 도시층인지를 확정하고 있네요.

이 도시는 엑스레이 같은 기기인 지하투시레이더GPR, Ground Renetrating Radar로 스캔해서 땅속 상태를 연구 조사하는 방식을 병행하고 있습니다. 또한 굴착 발굴을 해서 연구하고 유물 손상을 막기 위해 다시 흙으로 덮는 방식의 발굴 작업을 지금도 계속하고 있습니다.

아바리스는 힉소스 왕조 때 수도입니다. 이집트 정부가 만들어 왕가의 계곡에 걸어 둔 연대표(p.176 참조) 제2중간기에 힉소스 왕조가 들어 있습니다. 제15왕조와 제16왕조가 힉소스 왕조입니다. 이때 수도가 아바리스입니다.

아바리스를 힉소스의 수도로만 알기 쉬운데, 이 아바리스 발굴 보고서에 따르면 아바리스는 12왕조, 13왕조 때도 이미 도시였습니다. 힉소스 때 도시가 두 배쯤 커졌다고 하네요. 힉소스가 수도로 삼으면서 확장된 것이지요. 의미 있는 것은, 12왕조와 13왕조 그 사이에 이 보고서는 '텔엘다바(아바리스)에 가나안 사람들의 초기 정착 The initial settlement of Canaanites at Tell el-Dab^{c}a'이라는 제목으로 따로 한 장을 할애했습니다.

나일강 지류는 매년 범람하면서 물길이 계속 바뀌었습니다. 물길이 사라지면 도시도 사라지고, 물길이 생기면 그 주변에 도시가 생기기도 한 역사를 그 땅은 갖고 있습니다. 20왕조가 피람세스를 버리고 타니스를 건설한 이유도 더는 나일강 물이 피람세스 쪽으로 흐르지 않아서입니다. 20왕조 이전 피람세스는 나일강가에 있었습니다. 이 페이퍼가 그걸 확인해 주네요.

이 지역(아바리스)은 나일강의 연간 범람을 견뎌냈기 때문에 훌륭한 정착지였으며, 시추공에서 회수된 도자기 파편을 통해 연대가 확인된 고대 나일강 수로를 발견했습니다. 그 결과, 피람세스 Piramesse의 핵심이었던 콴티르 Qantir가 나일강의 펠루시아 Pelusiac 지류의 두 가지 지류에 의해 양쪽이 둘러싸인 섬에 위치해 있었고, 펠루시아 지류의 F2 지류 남쪽의 여러 거북 등 turtle-back에 바리스 varis가 자리 잡고 있었다는 사실이 분명해졌습니다.

타니스에 갔을 때 예전 사진을 보니, 타니스까지도 나일강 지류가 흘렀습니다. 배를 타고 있는 사진을 거기서 봤습니다. 지금은 타니스를 방문해도 나일강 지류를 볼 수 없습니다.

이 페이퍼는 아바리스에서 1000년 이상의 정착 활동을 연구할 수 있다고 하네요. 아주 오랜 시간 동안 아바리스는 계속 중요한 도시였습니다. 이 자료를 읽으며 애굽으로 이주한 이스라엘 백성들도 아바리스에 정착해서 살았겠구나 하는 생각을 했습니다. 라암셋이라는 도시 이름이 출애굽기에 처음 나오는 것으로 생각하기 쉬운데, 성경에서 라암셋은 창세기에 먼저 나옵니다.

> 요셉이 바로의 명령대로 그의 아버지와 그의 형들에게 거주할 곳을 주되 애굽의 좋은 땅 라암셋을 그들에게 주어 소유로 삼게 하고 창 47:11

두 번째 라암셋은 출애굽기 1장에 나옵니다.

> 감독들을 그들 위에 세우고 그들에게 무거운 짐을 지워 괴롭게 하여 그들에게 바로를 위하여 국고성 비돔과 라암셋을 건축하게 하니라 출 1:11

이 사이에 최소 350년이 들어 있습니다. 이때는 아직 모세가 태어나기 전입니다. 모세가 태어나기 전에 이런 일이 있었습니다. 이스라엘 백성이 애굽에서 체류한 기간인 430년에서 모세 나이 80년을 빼면 350년입니다. 그래서 최소 350년이라고 한 겁니다. 세 번째 라암셋은 출애굽기 12장에 나옵니다.

> 이스라엘 자손이 라암셋을 떠나서 숙곳에 이르니 유아 외에 보행하는 장정이 육십만 가량이요 출 12:37

첫 번째 라암셋에서 여기까지는 430년, 두 번째 라암셋에서 여기까지는 최소 80년이라는 시간이 들어 있습니다. 이스라엘 백성이 라암셋에서만 살아야 하는 것은 아니었습니다. 세월이 지나면서, 그들의 거주지역은 넓은 고센 땅으로 확대되었습니다. 또한 그들의 거주지는 고센으로 한정되지도 않았습니다. 애굽 전역 어디든, 그들이 가서 사는 데 제약이 없었습니다. 목축을 하기에 좋은 라암셋에 사는 그들에게 아바리스는 경제활동 구역입니다. 점점 세월이 지나면서 라암셋에서 아바리스로 이주해 아예 그곳에 정착한 이들도 있었을 것입니다. 이 페이퍼가 그것을 말해 줍니다.

그러나 430년간 이스라엘 백성의 중심은 라암셋입니다. 창세기에 나오는 라암셋이 오늘의 콴티르, 곧 피람세스입니다. 람세스라는 도시 이름과 동명인 람세스 왕조가 후대에 람세스에 북궁을 건설하면서 람세스 집이라고 바꿔 부른 거지요. 람세스 집이 피람세스입니다. 람세스 왕조가 들어서기 아주 오래전부터 그 도시 이름은 람세스였습니다. 람세스는 바로의 이름인 람세스를 붙인 도시가 아니라 도시 이름 라암셋을 19, 20왕조인 람세스 왕조가 자기 왕조 이름으로 삼은 겁니다. 18왕조 때도, 그 이전 12, 13왕조 때도 람세스는 아바리스 옆에 있었습니다.

다음 장의 지도에서 보는 것처럼 아바리스와 피람세스(콴티르)는 지근거리입니다. 요셉이 총리로 근무하던 곳은 아바리스, 이스라엘 백성이 살던 곳은 피람세스일 수 있습니다. 성경을 봐도 왕궁과 이스라엘 백성의 거주지가 지근거리입니다. 요셉이 총리일 때 수도가 멤피스일 가능성도 있습니다. 그러나 수도가 어디든, 모든 바로에게는 북궁이 필요합니다. 요셉을 총리로 둔 바로도 북궁이 있었을 것입니다. 현재까지는 그 북궁이 아바리스일 가능성이 가장 높습니다.

아바리스 이야기를 하다, 그곳에서 가나안 사람들이 아바리스에 초기 정착했다는 내용에 흥분해, 그쪽으로 좀 갔다 왔습니다. 원래 하려던 말은 19, 20왕조인 람세스 왕조 때만 아니라 그 이전 18왕조, 그리고 그 위로 올라가 12왕조 때부터도 아바리스는 바로들의 북궁으로 사용되었다는 겁니다.

애굽의 모든 바로는 북쪽에 이름은 뭐라 불러도 상관없겠지만 궁이 있었습니다. 'residence'를 직역하니 거주지로 나오는데, 왕이 거주하는 곳이면 왕궁이라는 생각에 저는 'northern residence'를 북궁으로 번역했습니다. 그 궁이 고센에 있었습니다. 19왕조와 20왕조 때는 그 궁이 피람세스에, 21왕조와 22왕조 때는 그 궁이 타니스에, 18왕조 때는 아바리스에, 그 위 왕조도 아바리스를 북궁으로 사용했습니다. 15, 16왕조인 힉소스 왕조는 아바리스를 수도로 삼았습니다. 아바리스도, 피람세스도, 타니스도 다 고센 땅 안에 있습니다.

이렇게 하고, 특기인 지도 그리는 일을 시작했습니다. 지도 위에 현대의 아바리스와 피람세스를 그려 넣는 작업입니다. 이 지도에다 피람세스 발굴 작업 팀이 만든 당시 지도를 얹는 방식으로 다음과 같은 지도 한 장을 그렸습니다.

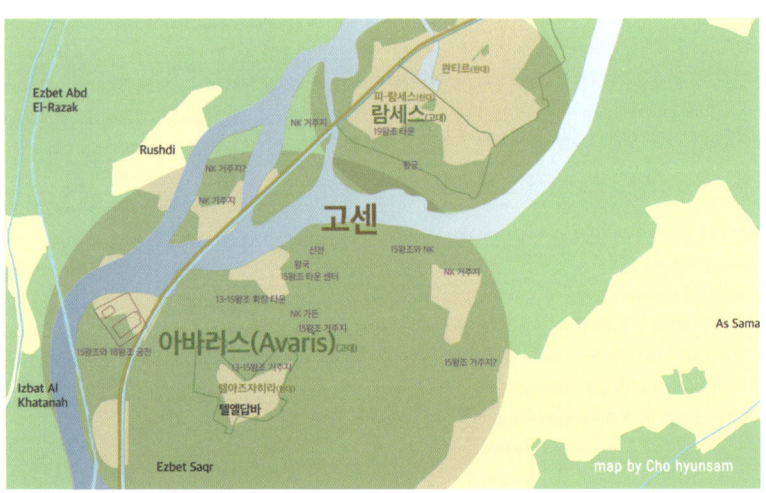

고대와 현대를 함께 그린 고센 아바리스와 람세스 지도

고센,
그리고
남은 이야기

고센에 바로궁도 찾았으니, 이제 편안한 마음으로 성경을 봅니다.

출^出애굽기를 보기 전에 입^入애굽기를 먼저 봅니다. 창세기 뒤쪽에 입애굽기가 있습니다. 야곱과 그의 가족 70명이 함께 애굽으로 내려가게 된 사정은 많이 아는 내용입니다. 그래도 한 사람이라도 그 내용을 모르는 이를 위해 간략하게 설명하고 시작합니다.

입애굽, 성경의 무대를 따라

야곱이 살던 가나안 땅에 흉년이 들었습니다. 먹을 것이 없는 절박한 상황에 처한 야곱이 자녀들에게 애굽에 가서 곡식을 사 오라고 합니다. 양식을 구하러 내려갔던 야곱의 아들들이 거기서 자기들이 애굽에 판

동생을 만납니다. 처음에는 못 알아보다, 두 번째 내려갔을 때, 요셉이 형들에게 "나는 당신들의 아우 요셉이니 당신들이 애굽에 판 자라"며 자기 신분을 밝힙니다. 형들은 기겁을 했지요. 요셉은 그때 참 멋진 말을 합니다. 그는 형들에게 "당신들이 나를 이곳에 팔았다고 해서 근심하지 마소서, 한탄하지 마소서"라며 "하나님이 생명을 구원하시려고 나를 당신들보다 먼저 보내셨나이다"라고 말합니다. 우리도 이렇게 말하며 살면 멋질 것 같습니다.

요셉의 형들이 왔다는 소문이 바로의 궁에 들렸습니다. 이 소문을 듣고 바로와 그의 신하들이 기뻐했습니다. 바로는 요셉에게 네 형들에게 이렇게 명령하라며 요셉이 하고 싶은 말을 그가 대신했습니다.

> 너희는 이렇게 하여 너희 양식을 싣고 가서 가나안 땅에 이르거든 너희 아버지와 너희 가족을 이끌고 내게로 오라 내가 너희에게 애굽의 좋은 땅을 주리니 너희가 나라의 기름진 것을 먹으리라 창 45:17-18

바로가 흥분했습니다. 그동안 요셉에게 받은 은혜가 컸던 게 그대로 느껴집니다. 그는 이어 요셉에게 "이제 명령을 받았으니 이렇게 하라"며 "너희는 애굽 땅에서 수레를 가져다가 너희 자녀와 아내를 태우고 너희 아버지를 모셔 오라"고 했습니다. 바로는 "또 너희의 기구를 아끼지 말라"며 "온 애굽 땅의 좋은 것이 너희 것임이니라"라고 했습니다. 하나님이 바로를 감동시키신 것이 오롯이 느껴지네요.

바로의 응원을 받은 요셉은 형들에게 "당신들은 속히 아버지께로 올라가서 아뢰기를 아버지의 아들 요셉의 말에 하나님이 나를 애굽 전국의 주로 세우셨으니 지체 말고 내게로 내려오사 아버지의 아들들과 아버지의 손자들과 아버지의 양과 소와 모든 소유가 고센 땅에 머물며 나와 가깝게 하소서"라고 말했습니다. 여기 고센이 나옵니다. 기억만 하고 이어 갑니다.

형들은 가서 아버지 야곱에게 전했고 야곱은 짐을 꾸려 가족들과 함께 애굽으로 내려왔습니다. 이제부터는 창세기 46장 내용입니다. 야곱은 애굽으로 내려오는 중에 아들 유다를 요셉에게 미리 보내 자기를 고센으로 인도하게 하고 다 고센 땅에 이르렀습니다. 여기도 고센이 나옵니다.

이 전갈을 받은 요셉이 그의 수레를 갖추고 고센으로 올라가서 그의 아버지 이스라엘을 맞으며 그에게 보이고 그의 목을 어긋 맞춰 안고 얼마 동안 울었습니다. 야곱은 "네가 지금까지 살아 있고 내가 네 얼굴을 보았으니 지금 죽어도 족하도다"라고 말했습니다. 야곱의 이때 얼굴을 상상해 봅니다. 요셉은 어느 정도 진정이 된 후 그의 형들과 아버지의 가족에게 다음과 같이 당부합니다.

내가 올라가서 바로에게 아뢰어 이르기를 가나안 땅에 있던 내 형들과 내 아버지의 가족이 내게로 왔는데 그들은 목자들이라 목축하는 사람들이므로 그들의 양과 소와 모든 소유를 이끌고 왔나이다 하리니 바로가 당신들을 불러서 너희의 직업이 무엇이냐 묻거든 당신들은 이르기를 주의 종들은 어렸을 때부터 지금까지 목축하는 자들이온데 우리와 우리 선조가 다 그러하니이다 하소서 창 46:31-34

집단 면접 오리엔테이션을 합니다. 요셉은 면접 때 바로에게 대답할 말을 그들에게 넣어 줬습니다. 그러면서 이렇게만 하면 고센에서 살게 될 것이라고 했습니다. 요셉의 말을 라이브로 들어 봅니다. "애굽 사람은 다 목축을 가증히 여기나니 당신들이 고센 땅에 살게 되리이다." 예비 면접 시험에도 고센이 나옵니다.

여기서부터 창세기 47장 내용입니다. 아버지 야곱이 가족과 함께 애굽 땅으로 내려온 후에 요셉은 바로에게 가서 "내 아버지와 내 형들과 그들의 양과 소와 모든 소유가 가나안 땅에서 와서 고센 땅에 있나이다"라고 보고하고 그의 형 중 다섯 명을 택하여 바로에게 보냅니다.

바로가 그들에게 "너희 생업이 무엇이냐"라고 물었습니다. 그들이 바로에게 "종들은 목자이온데 우리와 선조가 다 그러하니이다"라며 "가나안 땅에 기근이 심하여 종들의 양 떼를 칠 곳이 없기로 종들이 이곳에 거류하고자 왔사오니 원하건대 종들로 고센 땅에 살게 하소서"라고 요셉이 코치해 준 대로 청했습니다. 여기도 고센이 나옵니다.

바로가 요셉에게 "네 아버지와 형들이 네게 왔은즉 애굽 땅이 네 앞에 있으니 땅의 좋은 곳에 네 아버지와 네 형들이 거주하게 하되 그들이 고센 땅에 거주하고 그들 중에 능력 있는 자가 있거든 그들로 내 가축을 관리하게 하라"라고 했습니다. 바로의 입에서도 고센이 나옵니다. 바로의 결재를 받은 요셉은 그의 아버지와 그의 형들에게 거주할 곳을 주되, 애굽의 좋은 땅 라암셋을 그들에게 주어 소유로 삼게 했습니다.

여기서 잠깐, 요셉은 바로에게 자기 가족에게 줄 땅을 고센으로 컨펌 받았는데, 애굽의 좋은 땅 라암셋을 줬다고 기록하고 있습니다. 혹여 요셉이 바로를 기만한 것이 아닐까, 오해할 수 있는 대목입니다. 그렇지 않습니다. 요셉은 바로의 명령대로 했습니다. 이것은 제 추측이 아닙니다. 성경에 그렇게 쓰여 있습니다.

> 요셉이 바로의 명령대로 그의 아버지와 그의 형들에게 거주할 곳을 주되 애굽의 좋은 땅 라암셋을 그들에게 주어 소유로 삼게 하고 또 그의 아버지와 그의 형들과 그의 아버지의 온 집에 그 식구를 따라 먹을 것을 주어 봉양하였더라 창 47:12

요셉의 명령대로 했는데, 왜 고센이 라암셋으로 바뀌었을까. 이것은 어느 집 아들이 서울에 살고 싶다고 했더니 엄마가 아들 집을 노원에 사준 겁니다. 바로 이해되지요. 고센은 큰 지명, 라암셋은 작은 지명입니다. 서울시 노원구 하계동, 고센은 서울시이고 라암셋은 노원구입니다. 노원에 아들 집을 사 준 아내에게 왜 내 말대로 서울에 집을 사 주지 않고 노원에 사 줬냐고 물을 아버지는 현 세대에는 없습니다. 그러나 그렇게 쓰인 글을 1000년 후 우리 후손이 읽으면, 이 엄마는 남편 말 안 들은 여자가 될 수도 있습니다.

이것은 거기서 17년을 산 후, 야곱이 147세 때 이야기에 이어 나옵니다. 성경은 "이스라엘 족속이 애굽 고센 땅에 거주하며 거기서 생업을 얻어 생육하고 번성하였더라"라고 적어 놓았습니다. 요셉이 준 라암셋은 고센 땅에 있습니다.

2025년 성경지리연수차 이집트를 다녀와서 '입애굽'이란 제목으로 주일낮예배 설교를 했습니다.

우리말 성경의 출애굽기는 히브리어로 쉐모트שְׁמוֹת, 헬라어로는 엑소도스ἔξοδος, 영어로는 헬라어를 그대로 음역해 엑소도스Exodus, 중국어로는 추아이지찌出埃及記입니다. 출애굽의 출出의 상대적인 개념으로 입入을 써서 입애굽이란, 익숙하지 않은 설교 제목을 달았습니다. 야곱과 그의 자손이 애굽으로 내려간 것, 물론 그보다 먼저 애굽으로 종으로 팔려간 요셉도 포함한 표현입니다.
영어 논문을 살피다 보니, 입애굽이란 의미로 에이소도스Eisodus를 사용하기도 하네요. 에이소도스 εἴσοδος를 헬라어 사전에서 찾아보니 입장, 들어감이라고 그 뜻풀이를 하네요.

설교를 마치고 7분에서 15분 정도 덧붙인 이야기가 있습니다. 주일낮 예배를 5부로 드리다 보니, 정한 시간 안에 설교를 마쳐야 합니다. 그러다 보니 시간 제약을 그나마 덜 받는 3시 예배 때는 좀 길게 했습니다. 바로 고센 이야기입니다. 오늘 야곱이 애굽에 내려간 장면부터 창세기를 같이 봤습니다. 그냥 머릿속으로 그려지는 건, 요셉의 근무지와 라암셋은 지근거리입니다. 이 내용을 살피는 중에도 바로의 집무실을 가리키는 바로의 궁이 여러 번 나오네요.

> 요셉이 큰 소리로 우니 애굽 사람에게 들리며 바로의 궁중에 들리더라 창 45:2

> 요셉의 형들이 왔다는 소문이 바로의 궁에 들리매 바로와 그의 신하들이 기뻐하고 창 45:16

> 요셉이 곡식을 팔아 애굽 땅과 가나안 땅에 있는 돈을 모두 거두어들이고 그 돈을 바로의 궁으로 가져가니 창 47:14

> 곡하는 기한이 지나매 요셉이 바로의 궁에 말하여 이르되 내가 너희에게 은혜를 입었으면 원하건대 바로의 귀에 아뢰기를 창 50:4

요셉이 자기 아버지를 장사하러 올라가니 바로의 모든 신하와 바로궁의 원로들과 애굽 땅의 모든 원로와 요셉의 온 집과 그의 형제들과 그의 아버지의 집이 그와 함께 올라가고 그들의 어린아이들과 양 떼와 소 떼만 고센 땅에 남겼으며 병거와 기병이 요셉을 따라 올라가니 그 떼가 심히 컸더라 창 50:7-9

궁으로 표현된 이 단어는 성경에 아주 많이 쓰였습니다. 대부분은 집으로 번역합니다. 같은 단어인데 궁으로 표현한 것은 거기 사는 사람이, 거기 거주하는 사람이 왕이라 그렇습니다. 왕이 살면 평수와 상관없이 거긴 궁입니다. 바로가 살면 궁입니다. 제가 살면 집입니다. 피람세스를 우리말로 번역할 때, 람세스궁으로 번역할 필요가 있습니다. 여기서 잠깐, 조금은 생뚱맞은 질문 하나 합니다. 왕 같은 제사장인 우리가 사는 집은 뭐라고 불러야 할까요. 이 글을 쓰다 예수를 믿는 우리가 사는 곳이 왕궁이라는 생각이 들었습니다. 우리는 왕궁에서 사는 사람들이네요.

야곱이 도착했다는 소식을 듣고 요셉이 아버지를 만나는 장면을 성경은 "요셉이 그의 수레를 갖추고 고센으로 올라가서 그의 아버지 이스라엘을 맞으며"라고 설명합니다. 요셉이 출발한 곳은 그의 근무지입니다. 요셉은 왕궁이 근무지입니다. 총리로 왕을 보좌해야 하기 때문에 그는 늘 왕 곁에 있었습니다. 상식적으로 왕궁은 수도에 있습니다. 요셉 때 애굽 수도는 지리적으로 고센 근처에 있었습니다.

고센에서 찾은 바로의 궁

요셉 때 고센에 바로궁이 있었습니다. 요셉 때만 있었던 것은 아닙니다. 모든 시대에 고센에 바로궁이 있었습니다. 바로의 거주지, 바로의 집무실인 바로궁이 고센에 있었습니다. 고센에 수도를 둔 왕조도 있습니다. 힉소스 왕조 같은 경우는 수도가 고센 땅 안에 있었습니다. 그곳이 아바리스Avaris입니다. 힉소스 전에도 아바리스는 수도는 아니어도 중요한 도시였습니다. 대부분의 왕조가 이곳에 바로의 궁을 갖고 있었습니다. 이집트 지도를 펴 놓고 지정학적으로 애굽의 북쪽이 어떤 위치인지를 보면, 여기에 바로의 궁을 둘 수밖에 없습니다.

빨간색이 레반트 지역이다. 그 뒤쪽도 레반트 지역에 포함하는 학자도 있다.
애굽은 이 지역으로부터 많은 공격이 있었다.

앞의 지도에서 확인해 보면, 애굽에서 볼 때 북동쪽인 빨간색으로 칠한 곳을 레반트 지역이라고 합니다. 애굽은 이 지역에 있는 나라들과 전쟁이 끊이지 않았습니다. 유명하다는 애굽 왕 중에 이 지역과 전쟁을 하지 않은 왕이 거의 없습니다. 이걸 감안하면, 고센에 바로의 궁을 두는 것은 당연한 일입니다.

2025년 성경지리연수 후에 지난한 과정을 거쳐, 19왕조와 20왕조 때 고센에 바로의 궁이 있는 것을 이집트 역사와 고고학 자료를 통해 밝혔습니다. 21왕조와 22왕조 때는 고센에 있는 한 지역, 타니스를 수도로 정했습니다. 18왕조와 그 이전 12왕조부터 여러 왕조도 고센에 바로의 궁을 두고 애굽을 통치했습니다. 애굽의 바로들이 고센에 바로의 궁을 뒀는데, 그곳이 아바리스입니다. 15, 16왕조인 힉소스 왕조는 아예 이곳을 수도로 삼았습니다. 힉소스 왕조는 애굽의 일부, 하이집트와 중이집트 일부만 점령하고 100여 년을 통치하다 쫓겨났습니다.

아바리스 발굴을 통해 이런 증거가 세상에 드러났습니다. 아바리스는 지금 가서 보면, 사람들이 그 위에 집을 짓고 사는 평범한 시골 마을입니다. 오래전부터 이곳에서 발굴 작업이 이루어지고 있는데, 그 발굴 작업을 책임지고 있는 맨프레드 비에탁Manfred Bietak 교수가 발표한 내용이 대영박물관 출판부에서 출간됐습니다. 그 페이퍼에 따르면, 아바리스(현재 이름은 텔엘다바) 땅속에는 1000년 이상의 역사가 묻혀 있습니다. 그저 추론하는 것이 아닙니다. 땅 밑을 스캔할 수 있는 장비와 기술이 발굴 현장에서도 쓰이고 있습니다.

그 장비로 촬영하고 병행한 굴착 발굴 작업을 통해 아주 오래전, 이집트 역사 초기 때부터 19왕조 초기까지의 삶의 흔적이 켜켜이 쌓여 있는 것이 확인되었습니다. 12왕조와 13왕조 때부터 본격적으로 거주했지만, 그 이전 유물도 발굴되었다고 합니다. 비에탁 교수는 그곳에서 가나안인들의 토기를 발굴하는 것을 비롯해, 이스라엘 자손이 살았던 흔적들을 찾아냈습니다. 이 외에도 발굴 리스트에는 출애굽 때의 일과 관련된 것들이 있는데, 이것은 학자들이 찾아 정리해 주면, 받아 써야 할 것 같습니다.

이번 연수 기간 동안 고센에서 세 곳을 다녀왔습니다. 아바리스(현대 지명 Tell el-Dab'a), 람세스(현대 지명 Pi-Ramesess, 콴티르), 산 알 하가르(San al-Hagar, 현대 지명 타니스), 이렇게 세 곳을 답사했습니다. 현장에서 돌아와 공부를 추가로 하며 이 세 곳의 관계도 이제는 조금 설명할 수 있게 되었습니다.

피람세스를 현대 지명으로 콴티르라고 하는 이유는 콴티르 땅 속에 고대 도시가 들어 있기 때문입니다. 현대 지도를 통해 자세히 보니, 피람세스와 콴티르가 길 하나를 사이에 두고 붙어 있어서 하나로 보이는데,

행정구역상 각기 다른 지명입니다. 이걸 쉽게 설명하는 것이 지도인 걸 알아, 일러스트 프로그램을 다시 열었네요. 오랜만에 그린 지도입니다. 아래의 지도에서 보는 것처럼 이 두 곳이 다 고센입니다. 앞에서 본 창세기에서 계속 나왔던 그 고센입니다. 이 두 곳은 도시 발달 순서로 보면, 아바리스가 먼저입니다. 그다음이 피람세스입니다.

야곱과 그의 가족이 애굽으로 이주했을 때, 아바리스에는 바로궁이 있었고, 야곱의 가족들은 라암셋(후대 지명으로 피람세스)에 살았습니다. 구글 지도에서 직선거리를 측정해 봤더니, 2킬로미터가 나왔습니다. 창세기를 읽으며, 바로궁과 야곱의 가족이 사는 라암셋이 지근거리인 것을 우

아바리스와 피람세스(콴티르)가 표시된 고센 지도

리는 이미 느꼈습니다. 요셉이 아버지를 초청하며 한 말을 다시 한번 봅니다. "아버지의 아들들과 아버지의 손자들과 아버지의 양과 소와 모든 소유가 고센 땅에 머물며 나와 가깝게 하소서." 2킬로미터면 이것을 충족하기에 충분한 거리입니다.

요셉 당시, 아바리스는 바로궁이 있는 도시, 라암셋은 목축업을 하기에 적합한 땅, 양과 염소가 먹을 먹이가 풍부한 땅이었습니다. 야곱의 가족은 라암셋에 살면서 경제활동은 아바리스에서 했을 가능성이 높습니다. 물건을 사고팔려면 도시로 가야 합니다. 아바리스에서 어느 때에 갑자기 가나안 토기가 늘어났다는 리포트를 앞에서 언급한 그 아바리스 발굴 보고서에서 읽었습니다. 야곱의 후손 중에는 라암셋에 살다 아바리스로 이주한 사람도 있을 겁니다. 야곱의 후손은 거기서 산 날이 늘고 인구도 늘었습니다. 그들의 삶의 터전은 고센 전체로, 더 나아가 애굽 전역으로 확장되었습니다. 하지만 출애굽 때 보아서 알듯이, 그들의 삶의 중심은 고센이었습니다.

아바리스에서 피람세스로

다시, 돌아갑니다. 아바리스가 바로의 궁이 있는 도시로, 때로 수도로 그 역할을 하다 어느 순간 버려집니다. 힉소스 왕조가 그곳을 수도로 삼다 보니, 힉소스를 몰아낸 바로가 그 도시를 어떻게 했겠어요. 예상대로입니다. 그런 과정도 거쳤지만, 어느 순간 다시 사람들은 그곳으로 모여들었습니다. 지리적으로 사람이 모이는 곳입니다. 지금은 수로가 바뀌었지만, 당시 아바리스는 나일강 물이 풍부하게 흘러들었습니다. 발굴을 하고, 그것을 토대로 그린 과거 아바리스를 보았는데, 환상적이었습니다. 이걸 하나 구해야 하겠어요.

  그러다 어느 순간, 아바리스에서 사람들이 줄어들기 시작합니다. 다른 이유도 있지만, 수로가 바뀌어 그렇습니다. 우리에게도 한강 수로가 바뀐다는 건 상상할 수 없는 일입니다. 한강 수로가 바뀌어 의정부와 서울 사이로 한강이 흐른다면 수락산 사는 우리 성도들과 의정부와 서울 경계에 사는 우리 성도들은 어떻게 될까요. 갑자기 살던 집이 강변 뷰가 됩니다. 문을 열면 한강입니다. 집값에도 영향이 있겠지요. 그럼 강남 사는 우리 성도는 어떻게 되나요. 한강변 아파트는 비싸다면서요. 한강 보고 이사까지 했는데, 한강 수로가 바뀌다니.

  애굽에서 이런 일이 실제 일어났습니다. 이집트가 지중해 쪽에 이르면, 쫙 퍼지는 느낌이 나지요. 거기가 삼각주, 델타 지역입니다. 이 지형은 자연이 만든 겁니다. 이집트는 나일 강가만 푸릅니다. 땅이 넓지만, 그 땅 가운데 10% 남짓만 사람이 살고 이용합니다. 나일강은 빅토리아 호수에서 발원해 장장 6700킬로미터나 되는, 세계에서 가장 긴 강입니다. 우리나라 외교안보연구소 사이트에 김동석 아중동연구부 부교수가 올린 글에서 상식 하나 쌓고 갑니다.

나일강은 길이가 6700킬로미터에 달하며 동부 아프리카 지역을 남에서 북으로 가로지른다. 나일강은 케냐, 탄자니아, 우간다, 콩고민주공화국 등의 호수와 강에서 발원한 '백나일White Nile강'과 에티오피아 타나Tana호에서 발원한 '청나일Blue Nile강'으로 구성된다. 이 두 지류가 수단의 하르툼Khartoum에서 만나 이집트를 통과하여 지중해로 흘러간다. 청나일강이 전체 나일강 수량의 약 86%를 차지하는 반면 백나일강은 약 14%를 차지한다. 약 3억 명의 아프리카인이 나일강 유역의 국가에 거주하며, 이 중 1억 6천만 명이 나일강 물에 생계를 의존한다. 특히 강 하류에 있는 이집트와 수단은 강수량이 적은 관계로 나일강 의존도가 상당히 높다.

우기가 되면 나일강으로 어머어마한 물이 유입됩니다. 우기가 7월에 시작해 10월경에 끝난다고 하니 기네요. 우기 때 쏟아진 물이 한꺼번에 이집트에 이르면, 그때마다 애굽에서는 나일강 범람이라는 연례행사가 시작됩니다. 그동안 나일강 범람을 부정적으로만 생각했는데, 엄청난 양의 옥토와 짐승 분뇨 등이 쓸려 내려오면서 이것이 이집트 농경지를 비옥하게 하는 주요 요인이라는 걸 이번에 들었습니다. 우기 때 나일강이 범람하면서 지중해로 나가는 갈래가 점점 늘어났습니다. 그러다 보니, 우리가 지도에서 보는 것처럼 지중해 쪽은 쫙 펼쳐진 느낌입니다. 나일강 주변은 이런 일이 반복되면서 지반이 점점 높아지고 있습니다. 아바리스, 그곳에 천 년 넘은 인간의 역사가 쌓여 있는 것도 이 때문입니다.

나일강 지류가 바뀌면서 아바리스로 흐르던 나일강 물의 양이 줄더니, 어느 순간부터 더는 물이 흐르지 않게 되었습니다. 지금 가서 보면, 조금 떨어진 곳에 나일강 지류가 있지만 아바리스를 통과하지는 않습니다. 수로가 라암셋 쪽으로 이동한 겁니다.

이러면서 사람들은 라암셋, 후대 지명으로는 피람세스로 자연스럽게 옮겨갔습니다. 람세스 1세로부터 시작되는 19왕조는 라암셋에 바로의 궁을 두고 애굽을 통치했습니다. 람세스 2세가 피람세스를 수도로 건설했다고 해서 혼란이 생긴 면이 있는데, 람세스 2세 때도 애굽 수도는 룩소르였습니다. 그때 피람세스는 오늘로 이야기하면, 바로궁이 행정 수도 격이었다 할 수 있습니다.

람세스가 피람세스가 된 것은 언제일까. 우리는 앞에서 성경을 같이 봤습니다. 창세기에 이미 지역 이름 라암셋이 나옵니다. 람세스와 라암셋은 같습니다. 성경은 라암셋이라고, 일반에서는 람세스라고 달리 부를 뿐이지, 같습니다.

창세기에 라암셋이 나오고 또 출애굽기에 라암셋이 나옵니다. 창세기에 나오는 라암셋과 출애굽기에 나오는 라암셋 사이에는 350년 정도 시차가 있습니다. 바로가 국고성 라암셋을 건설하라고 한 때가, 이스라엘 백성이 애굽으로 내려간 지, 350년에서 400년 사이입니다. 출애굽하기 최소 80년 이전부터 이스라엘에 대한 박해가 있었습니다. 그 과정에 바로가 국고성 라암셋을 건축합니다. 바로가 국고성 라암셋을 짓기 350년 전에도 고센 안에 라암셋이라는 지역이 있었습니다.

어느 순간 이 라암셋이 피라암셋 곧 피람세스로 이름이 바뀌었습니다. 이것을 추적해 언제 이름이 바뀌었는지, 알게 되면 저도 좀 가르쳐 주기 바랍니다. 제 생각에는 19왕조 때 바뀐 것이 아닐까 싶습니다. 19왕조는 람세스 왕조라고 불러도 될 정도입니다. 19왕조와 20왕조는 람세스 1세부터, 람세스 11세까지 다 이 왕조 바로입니다.

피라암셋의 피Pi가 집이라는 의미입니다. 현지 표기는 이를 반영해 피-람세스 Pi-Ramesess라고 피와 람세스 사이에 하이픈을 넣습니다. 직역하면, 피람세스는 람세스가 사는 집, 또는 람세스의 집입니다. 성경에서 집이라는 단어가 바로가 사는 집을 가리킬 때는 바로궁이라고 했다는 이야기를 앞에서 했지요. 람세스의 집은 람세스궁입니다. 성경 표현으로 하면 라암셋궁입니다.

제국이 영원하지 않은 것처럼, 라암셋을 피람세스로 이름을 바꿔가며 영원할 것 같던 그 도시도 쇠락의 길을 걷습니다. 문제는 또 물입니다. 수로가 또 바뀐 겁니다. 그래서 어쩔 수 없이 21왕조 때는 피람세스에 있는 건축물 중에서 쓸만한 것을 다 가져다 새로운 도시를 만들었습니다. 제가 그곳에 재활용 도시라고 별명을 하나 붙였습니다. 그게 타니스입니다. 현대 지명인 타니스Tánıs는 헬라어입니다. 이집트어로는 자네트 Djanet입니다. 고대 이름은 산 알 하가르 San al-Hagar입니다. 히브리어로는 소안 צֹעַן, 우리말로도 소안, 영어로는 조안 Zoan입니다. 70인역에서 민수기 13장 22절에 나오는 소안을 타닌Tánıv이라고 했습니다. 이름 설명을 길게 한 것은 이곳, 타니스가 성경에 나오는 도시 소안이라는 이야길하기 위해서입니다.

타니스에 수도를 건설한 이유도 물길이 그리로 나서입니다. 타니스에 가면, 매표소 건물 안에 안내판이 있습니다. 설명판이라고 해야 더 맞을 것 같기도 합니다. 최규환 목사님이 그걸 꼼꼼히 촬영해 왔습니다. 그 설명판 덕을 많이 봤습니다. 그곳에 게시된 사진 중에 한 장을 같이 봅니다.

1922년 사진인데, 타니스까지 배가 들어왔습니다. 지금은 아닙니다. 20왕조면, 주전 1100년대입니다. 지금부터 3000여 년 전에는 그야말로 나일강이 출렁이며 이곳까지 흘렀을 겁니다.

한때, 타니스가 이스라엘 백성이 건설한 국고성 라암셋으로 알려졌던 때가 있습니다. 람세스 2세 유물이 많이 나와 이런 오해를 했습니다. 피람세스에서 가져온 것인 게 세상에 알려지기까지 그리 오래 걸리지 않았습니다. 이집트 정부가 상당히 많은 재정을 투자해서 타니스를 조성했는데, 찾는 이가 너무 없습니다. 타니스는 아바리스에서 북쪽으로 22킬로미터, 피람세스에서 20킬로미터 거리에 있습니다. 나일 델타, 나일강 삼각주 동쪽에 있습니다.

지금까지 살펴본 세 곳은 다 바로가 살던 곳입니다. 바로궁이 있던 곳입니다. 수도였던 곳도 둘입니다. 아바리스와 타니스. 이곳을 소개하는 타이틀이 북쪽의 테베입니다. 이집트국립박물관 2층에서 이 카피를 봤습니다.

"테베는 룩소르의 다른 이름입니다."

에필로그

우리 인생 여정에도 입애굽기가 있고 출애굽기가 있습니다. 에이소도스 Eisodus 때가 있고 엑소도스 ἔξοδος 때가 있습니다. 부모의 지도와 보호를 받는 에이소도스 때가 있고 부모를 떠나 독립할 엑소도스 때가 있습니다. 에이소도스 때는 집에서 入家 부모의 보호를 받아야 합니다. 가출이든 출가든 이때는 하면 안 됩니다. 엑소도스 때는 집을 나가 出家 독립해야 합니다. 지금이 에이소도스 때인지 엑소도스 때인지, 때를 잘 분별해야 합니다.

우리 인생은 에이소도스와 엑소도스가 반복됩니다. 이 책만 해도 그렇습니다. 책 앞에 프롤로그가 있고 책 뒤에 에필로그가 있습니다. 책의 에이소도스, 엑소도스입니다. 이러면 책 한 권이 됩니다.

우리가 이 세상에 온 날이 에이소도스라면 우리가 이 세상에서 천국으로 이사하는 날이 엑소도스입니다. 그 안에 여러 에이소도스와 엑소도스 세트가 있습니다. 초등학교, 중학교, 고등학교, 대학교 등. 우리는 공부하는 과정에도 몇 차례 에이소도스와 엑소도스를 경험했습니다.

중요한 것은 이 과정을 하나님이 디자인하시고 하나님이 실행하고 계시다는 겁니다. 이 과정을 통해 하나님은 미약한 이스라엘을 큰 민족으로 만드셨습니다. 우리 안에서도 하나님이 같은 일을 행하고 계십니다. 우리도 입애굽과 출애굽을 반복하며 단단해지고 견고해지고 있습니다. 하나님이 이스라엘을 세우신 것처럼 우리도 세우실 겁니다.

입애굽과 출애굽, 이 여정에 이해할 수 없는 일도 있었습니다. 다른 사람도 아니고 형들에 의해 팔려 가는 일도 있었습니다. 성실하고 정직하고 순결했더니 그 결과가 감옥입니다. 불공정하고 불의한 세상이라고 한탄하고 탄식해도 누가 뭐라 할 수 없는 것 같은 일을 겪었습니다.

이런 일만 있었던 건 아닙니다. 외국인 노동자 출신으로, 애굽 총리가 되는 영화 속 한 장면 같은 일도 있었습니다. 자기 민족을 흉년의 아사 위기에서 구원한 위대한 지도자의 가족이라고 선대받던 이들이 하루아침에 노예가 되어 고된 노동 현장으로 내몰리기도 했습니다. 심지어 자기 아들을 자기 손으로 죽여야 하는 법을 지켜야 하는 고통도 있었습니다. 고난, 또 고난, 이어지는 고난의 날이 참 길었습니다. 그러나 마침내 그들은 출애굽, 엑소도스했습니다.

하나님이 오늘도 우리 삶에 오셔서 입애굽과 출애굽을 통해 우리를 세우고 계십니다. 그 하나님은 보였다 안 보였다 합니다. 어느 때는 보이고 어느 때는 보이지 않으십니다. 어떤 사람에게는 보이고 어떤 사람에게는 보이지 않으십니다.

이 책을 통해 하나님을 만났다면, 저자로서 영광입니다. 큰 보람입니다. 입애굽 때도 출애굽 때도 하나님은 그들과 함께하셨습니다. 그렇습니다. 우리 각자가 지금 입애굽 상황이든 출애굽 상황이든 우리는 하나님 안에 있습니다. 하나님이 우리와 함께하십니다. 살다 보면 요셉이 '아, 하나님이 이렇게 하시려고 나를 애굽으로 먼저 보내셨구나'라고 깨닫는 고백이 우리 것이 될 겁니다.

출애굽기를 이 책에 다 담지는 못했습니다. 하나님이 이걸로 마무리하실지, 아니면 이어 더 쓰게 하실지는 지금은 모릅니다. 일단 지금은 이 책 에필로그를 쓰면서, 독자들에게 감사함으로 안녕이라고 인사합니다. 기대하는 마음으로 고개 숙여 인사합니다. "또 봬요." 사랑합니다.

사명선언문

너희가 흠이 없고 순전하여……세상에서 그들 가운데 빛들로
나타내며 생명의 말씀을 밝혀 _ 빌 2:15-16

1. 생명을 담겠습니다
만드는 책에 주님 주신 생명을 담겠습니다.
그 책으로 복음을 선포하겠습니다.

2. 말씀을 밝히겠습니다
생명의 근본은 말씀입니다.
말씀을 밝혀 성도와 교회의 성장을 돕겠습니다.

3. 빛이 되겠습니다
시대와 영혼의 어두움을 밝혀 주님 앞으로 이끄는
빛이 되는 책을 만들겠습니다.

4. 순전히 행하겠습니다
책을 만들고 전하는 일과 경영하는 일에 부끄러움이 없는
정직함으로 행하겠습니다.

5. 끝까지 전파하겠습니다
모든 사람에게, 땅 끝까지, 주님 오시는 그날까지
복음을 전하는 사명을 다하겠습니다.

서점 안내

광화문점	서울시 종로구 새문안로 69 구세군회관 1층 02)737-2288 / 02)737-4623(F)
강남점	서울시 서초구 신반포로 177 반포쇼핑타운 3동 2층 02)595-1211 / 02)595-3549(F)
구로점	서울시 동작구 시흥대로 602, 3층 302호 02)858-8744 / 02)838-0653(F)
노원점	서울시 노원구 동일로 1366 삼봉빌딩 지하 1층 02)938-7979 / 02)3391-6169(F)
일산점	경기도 고양시 일산서구 중앙로 1391 레이크타운 지하 1층 031)916-8787 / 031)916-8788(F)
의정부점	경기도 의정부시 청사로47번길 12 성산타워 3층 031)845-0600 / 031)852-6930(F)
인터넷서점	www.lifebook.co.kr